U-CANの

いろいろ出し物12か月

U-CANの保育スマイルBOOKS

はじめに

　本書は、保育現場で行われる行事や季節感のあるテーマを月ごとに取り上げ、12か月1年間の保育に役立つ「出し物」としてまとめました。

　どなたでも簡単にできるような配慮をしながら、準備をするものや演じ方を、ていねいにイラストや写真で見やすくまとめました。

　内容そのままでもかまいませんし、少し広げるためのアイディアを生かしていただくこともできます。また、行事のときだけでなくさらに日常の保育へと展開するための項目もあります。行事を取り上げるときに事前に保育のなかに生かすことも大事ですが、終わった後にどう日常の保育に展開するかということも大事なことだと思います。

　ぜひ本書を活用して、子どもたちと楽しい時間を共有してください。保育者のみなさんが楽しんで取り組むことが、子どもたちの喜びにつながっていくことでしょう。

幸田眞希

本書の特長と使い方

特長

保育者にとって、毎月のお誕生日会での出し物や、季節の行事の出し物は悩みの種のひとつです。本書は、保育者の演じるいろいろな「出し物」を1冊にまとめ、園での行事や保育のなかで、子どもといっしょに楽しめるようなアイディアを、12か月に分けて紹介しています。巻末には出し物で使う絵人形などの型紙も付いていますので、ぜひご活用ください。

使い方

- 所要時間・演じ手の人数・対象年齢の目安を表示！
- 出し物の種類
- とくに気をつけてほしいことは「ポイント」として紹介
- 出し物で使うものや作るものを紹介
- 演じるときのポイント（ト書き）は写真の近くに掲載しています
- ●印は演じるときのタイミングを示しています
- 役柄をアイコンで表示
- 手順だけを紹介しているページもあります
- 出し物の種類を検索するのに便利！
- 作品ごとにアレンジ案も紹介
- ふだんの保育へ生かすアドバイス付き！

もくじ

4月
- おへんじはーい！ ・・・・・・・・・・・・・・・・・・・・・・・・・・・ 12
- あくしゅでなかよし ・・・・・・・・・・・・・・・・・・・・・・・ 16
- かんたんマジック　指が消える!? ・・・・・・・・・・・・・ 18
- いつでもどこでもあそび　わたしの名前をおぼえてね ・・・ 19

5月
- くいしんぼうのこいのぼりくん ・・・・・・・・・・・・・・・ 20
- たいそうしましょう ・・・・・・・・・・・・・・・・・・・・・・・ 24
- かんたんマジック　あやつりヘビくん ・・・・・・・・・・・ 26
- いつでもどこでもあそび　種まき ・・・・・・・・・・・・・ 27

6月
- くいしんぼゴリラのはみがき ・・・・・・・・・・・・・・・・・ 28
- かんたんマジック　ティッシュおばけの大変身 ・・・・・ 32
- いつでもどこでもあそび　はな・はな・はな ・・・・・・ 33

7月
- おりひめ星とひこ星 ・・・・・・・・・・・・・・・・・・・・・・・ 34
- おばけだぞ〜 ・・・・・・・・・・・・・・・・・・・・・・・・・・・・ 38
- かんたんマジック　まほうの指 ・・・・・・・・・・・・・・・ 40
- いつでもどこでもあそび　わたしはだあれ？ ・・・・・・ 41

8月
- 海であそぼう！ ・・・・・・・・・・・・・・・・・・・・・・・・・・ 42
- かんたんマジック　あやつりタコチュ〜 ・・・・・・・・・ 46
- いつでもどこでもあそび　雨・雷・台風 ・・・・・・・・・ 47

9月
- でたでた月が…？ ・・・・・・・・・・・・・・・・・・・・・・・・ 48
- かんたんマジック　とびまわるスズムシさん ・・・・・・ 52
- いつでもどこでもあそび　かかしゲーム ・・・・・・・・・ 53

10月
- 変身SHOW！〜だれでしょう？〜 ・・・・・・・・・ 54
- おにぎりのなかみはなあに？ ・・・・・・・・・・・・・ 58
- かんたんマジック　3つ子かぼちゃのハロウィン ・・・ 60
- いつでもどこでもあそび　とうさんゆびどこです ・・・ 61

11月
- うさぎとかめ ・・・・・・・・・・・・・・・・・・・・・・・・・・・ 62
- かんたんマジック　ぶらさがりみのむし ・・・・・・・・・ 66
- いつでもどこでもあそび　まねっこパンパン ・・・・・・ 67

12月
- ロープが大変身！ ・・・・・・・・・・・・・・・・・・・・・・・・ 68
- ゆきだるまをつくりましょう ・・・・・・・・・・・・・・・・ 72
- かんたんマジック　選んだプレゼントはこれだ！ ・・・ 74
- いつでもどこでもあそび　サンタはだれでしょう？ ・・・ 75

1月
- 十二支のおはなし ・・・・・・・・・・・・・・・・・・・・・・・ 76
- かんたんマジック　変身ゆきだるま ・・・・・・・・・・・・ 80
- いつでもどこでもあそび　お正月のもちつき ・・・・・・ 81

2月
- この影な〜んだ？ ・・・・・・・・・・・・・・・・・・・・・・・・ 82
- かんたんマジック　消える金棒 ・・・・・・・・・・・・・・・ 86
- いつでもどこでもあそび　とんだとんだ ・・・・・・・・・ 87

3月
- なかよしだあれ？ ・・・・・・・・・・・・・・・・・・・・・・・・ 88
- 春の小川 ・・・・・・・・・・・・・・・・・・・・・・・・・・・・・・ 92
- かんたんマジック　消えるチョウチョウ ・・・・・・・・・ 94
- いつでもどこでもあそび　ジャンケンおひなさま ・・・・・ 95

型紙 ・・・・・・・・・・・・・・・・・・・・・・・・・・・・・・・・・・ 96

パネルシアターのきほん

パネルシアターとは…

不織布やネルなどを貼ったパネルボードに、お話をしながら絵人形を貼ったりはがしたりしていく出し物です。1973年に古宇田亮順氏によって考案され、以来、保育園・幼稚園・小学校などの保育・教育現場に広まりました。

演じるときは…

演者は、右利きの人は客席から見て右側に、左利きの人は左側に立って行います。そうすることで、客席に背中を向けることがぐっと少なくなるからです。

材料

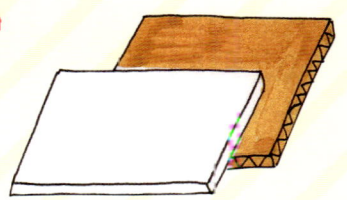

スチレンボードや段ボールなど
パネルシアターの舞台となるパネルボードのベースに使います。

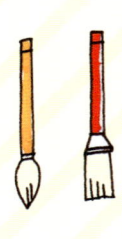

筆
広い面を塗るための平筆と、細かい部分を塗るための丸筆を用意しましょう。

パネル布
専用の不織布が市販されていますが、ネルなどの布地でも代用できます。

接着剤
2枚の絵を貼り合わせるときに使います。木工用の接着剤で貼ることができます。

絵の具
ポスターカラーやアクリル絵の具が、発色もよく色を付けやすいです。

絵人形用の布
専用の不織布（※）を使うことが多いですが、和紙などの毛羽立った紙で代用することもできます。専用の不織布には薄手のものから厚手のものまで、いくつか種類があります。

油性フェルトペン
絵の輪郭は、油性のフェルトペンで描きます。

※「Pペーパー」と呼ばれる専用の不織布が市販されています。

絵人形の作り方

1 下絵を描く
紙などに、作りたい絵人形の下絵を描きます。96ページからの型紙を拡大コピーして使ってもいいです。

2 絵を写す
絵人形用の不織布を下絵に重ね、鉛筆で描き写します。絵の具で色を付け、乾いたら油性のフェルトペンで輪郭をはっきり描きます。

3 切り取る
絵のまわりに余白を残して切り取ります。輪郭線よりもふっくらと切るくらいがいいでしょう。

両面を使用する場合

おもてとうらで違う絵にしたいときは、別々に描いて貼り合わせて使います。うら写りするようであれば、間に白い紙を1枚はさむといいでしょう。切り取る際は、両方の絵をよく見て、絵が切れないように注意しましょう。

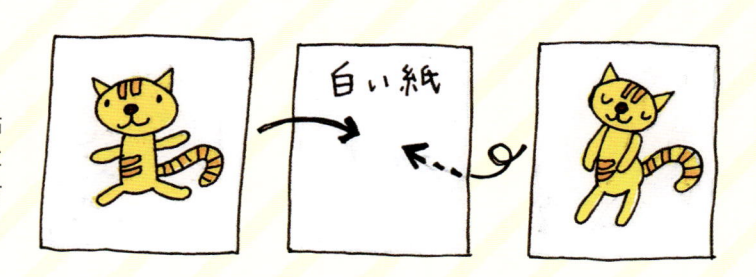

パネルの作り方

1 スチレンボードや段ボールを、使いたい大きさに切る
一般的には、縦80センチ、横110センチ程度の大きさが使いやすいでしょう。段ボールで作るときは、縦目と横目を組み合わせて2枚貼り合わせると丈夫になります。

2 パネル布を貼る
スチレンボードや段ボールよりも大きめに切ったパネル布でくるみ、しわにならないよう、ピンと張った状態になるようにうら側でとめます。布粘着テープで貼るといいでしょう。

ペープサートのきほん

ペープサートとは…
PAPER PUPPET

人や動物などの絵を描いた紙に棒を付けたものを動かしながら演じる出し物です。棒を持って絵人形を動かしたり、おもてうらを返したりすることで、動作を表現します。

材料

画用紙や厚紙
B4サイズくらいの白い紙を用意しましょう。画用紙のように、少し厚みがあったほうがいいでしょう。

割り箸やペープサート用の竹串
割り箸を使うときは、割って使います。断面が四角（長方形）のものを使いましょう。

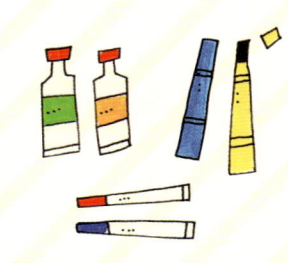

油性フェルトペンなど
絵の輪郭は、油性のフェルトペンで描きます。

絵人形の作り方

1 絵を描く
画用紙などに直接絵を描くか、ほかの紙に描いたものを貼り付けてもいいでしょう。

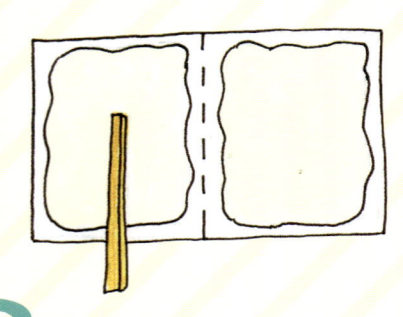

2 貼り合わせる
紙のうら面全面にのりを付け、割り箸や竹串をはさんで2つ折りにして貼り合わせます。その後、強くたたいて空気を抜きます。

3 余白を残して切る
のりが乾かないうちに、絵のまわりに余白を残し、全体に丸みをもたせながらまわりを切ります。電話帳などの間にはさんで乾かすと、紙がそり返るのを防ぐことができます。

演じるときは…

絵人形の持ち方
手の指をそろえて持ちます。Aの部分が長く出すぎないように注意しましょう。

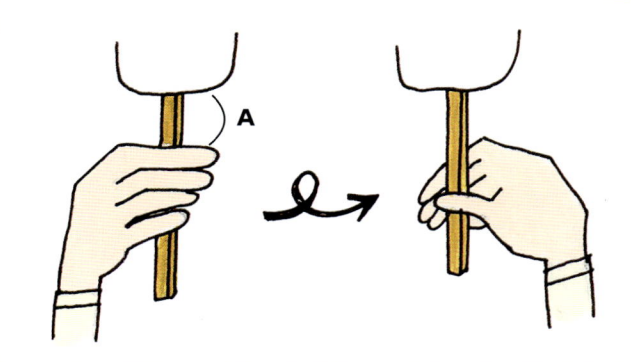

基本の動かし方

くるっと回転
親指を使って、うらおもてをすばやく回転させます。

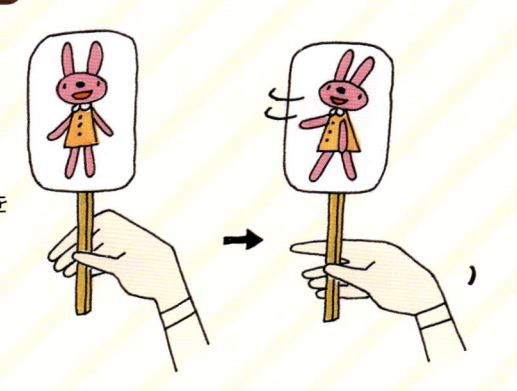

振り回さない
むやみに振り回さず、ゆっくり動かします。絵人形全体が動くようにするといいでしょう。

話すものだけ動かす
絵人形がいくつか出るときは、セリフのある絵人形だけを動かします。

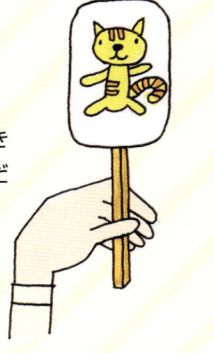

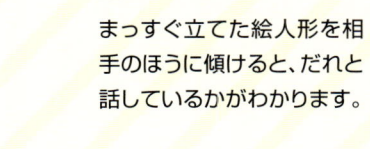

話すときは…
まっすぐ立てた絵人形を相手のほうに傾けると、だれと話しているかがわかります。

あると便利なもの

舞台
段ボールなどで作ります。うら側に絵人形などを隠しておくことができます。

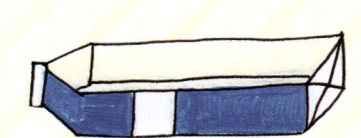

粘土
牛乳パックの側面を切り取ったものに、油粘土を入れておきます。絵人形をさしておきたいときに使います。

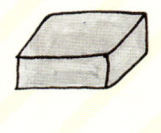

人形劇のきほん

人形劇とは…

人形（パペット）の中に手を入れて動かしたり、糸などの付いたマリオネットを動かしたりして演じる出し物です。

いろいろな人形

ハンドパペット

人形の口に手を入れて動かすことができます。市販のものを使っても、自分だけのオリジナルを作ってもいいでしょう。

口がパクパク動かせるタイプもあります。

立体的な人形に手が入るタイプもあります。

動物モチーフのあかすりグローブなども使えます。

手袋人形

5本指タイプの手袋で、簡単に作れる人形です。72ページで紹介しています。

平面の人形

42ページからの「海であそぼう」では、空き箱や紙皿などを利用した「マリオネット」を作って演じています。針金やひもを付けて動かします。

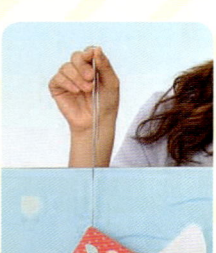

34ページからの「おりひめ星とひこ星」では、ゆらゆら動くタイプの人形を紹介しています。

手の入れ方

ハンドパペットにはいろいろな大きさや形があります。
自分に合った手の形を考えてください。

一般的には、親指・人さし指・中指の3本を使います。

親指・人さし指・小指の3本も、スタンダードな形です。

人形の頭部の穴が小さめで、手全体を使いたいときはこのようにしても。24・25ページの「たいそうしましょう」の写真では、この形で演じています。

人形の頭部の穴が大きいときは、指を3本入れてもいいでしょう。

72・73ページの手袋人形は、中の3本を握って、親指と小指の2本を使っています。

基本のポーズ

前から見て、人形がまっすぐになっていて、手は自然に前にのばしたポーズが基本です。

横から見て、背中がまっすぐになっているかも確認しましょう。

注意しましょう

そっている
手に力が入りすぎていると、人形がそってしまいます。

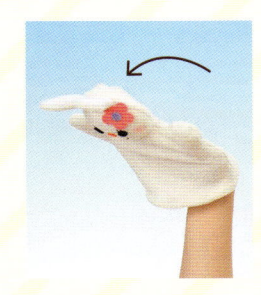

前のめり
手首の力が抜けていると前屈みになり、顔が隠れてしまいます。

両手があがる
これも、手に力が入りすぎると起こります。

出すぎ
舞台の後ろに演じ手が隠れるときは、腕が出すぎないようにしましょう。

沈んでいる
わざと沈ませるのでなければ、人形の全身が見えるほうがいいですね。

かんたんマジックと いつでもどこでもあそび コーナーについて

かんたんマジック

準備がかんたんで、短時間でできるマジックを紹介しています。お誕生日会などで、メインの出し物の前座としても、保育室で子どもたちと楽しんでもいいでしょう。

いつでもどこでもあそび

ちょっとした空き時間や、行事の待ち時間などに、短時間でできて楽しめるあそびを紹介します。子どもたちの注意をそらしたくないときなどにも便利です。

演じるときのポイント

出し物をするときは、必ず観客がいます。見ている人に内容がしっかり伝わり楽しめるよう、以下のようなポイントをおさえておきましょう。

1 観客を意識しましょう

観客からどう見えているか意識することが大切です。全員に気を配って演じましょう。人形劇などでは、見ている人に見やすい高さや角度があります。どのように見えるか、見やすくなるよう工夫しましょう。

2 始まりと終わりをはっきり言いましょう

「これから○○を始めます」「これで○○はおしまいです」など始まりと終わりをきちんと伝えましょう。注意して見ている時間を区切ったほうが、集中して見ることができます。

3 大きな声ではっきりと

いちばん後ろの人にも聞こえるよう、大きな声で話しましょう。お話の内容が伝わらないと、どんなに演技が上手でも途中で飽きてしまうことがあります。

4 演じ手も楽しみましょう

観客である子どもたちに楽しんでもらうためには、演じ手である保育者が楽しまなくては、内容の楽しさが伝わりません。役をくじで決めるなどして、意外性をもたせるなど、子どもたちと楽しい時間を共有しましょう。

季節を感じる
12か月の出し物

4月 おへんじはーい！

パネルシアター PANEL THEATER

5分 ／ 1〜2人 ／ 0歳〜

新入園児・進級園児を迎え、ドキドキワクワクのスタート！　元気にあいさつができるでしょうか？　先生やお友だち、動物たちとお話ししながら、楽しくあいさつをしましょう。

作るもの　型紙96ページ

- うさぎ（おもて／うら）
- さる
- ねこ
- ちょう
- いぬ
- ぞう
- 花

遊び方

1

先生：今日は○○園にかわいい動物たちが遊びに来ましたよ。最初は耳の長〜い動物です。だ〜れだ？

子ども：うさぎ！

先生：当たり！　ではみんなで「うさぎさ〜ん」と、呼んでみましょう。さん、はい！（●）

子ども：うさぎさ〜ん！

● うさぎを出す準備をしながら、子どもといっしょにうさぎを呼びます。

2

うさぎ：はーい！　おはようございます！（●）
（時間によっては「こんにちは」など）

先生：あら、うさぎさん、お返事もごあいさつも上手ね。遊びに来てくれてありがとう。○○先生からプレゼントがあるのよ。うさぎさんの大好きな食べ物です。わかるかな？

子ども：にんじん！

● 「はーい！」に合わせて、うさぎを出します。

3

👩 当たり！
うさぎさん、にんじんをどうぞ。（●）

🐰 やった〜！ にんじん大好き！
どうもありがとう！

👩 どういたしまして。

> **ポイント**
> **うら返しにしても不自然にならないように** 
>
> おもて／うら
>
> おもてとうらの絵の形が違いすぎると、貼り合わせたときに不自然になります。できるだけ同じような形になるように気をつけて作りましょう。例えばうさぎなら、あげた手のうら側ににんじんの葉っぱが来るようにするといいでしょう。

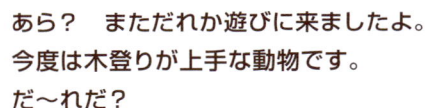

● 「どうぞ」と言いながら、うさぎをうらにします。

4

👩 あら？ またたれか遊びに来ましたよ。今度は木登りが上手な動物です。だ〜れだ？

🧒 おさるさん！

👩 当たり！ では「おさるさ〜ん」と、呼んでみましょう。さん、はい！

🧒 おさるさ〜ん！

🐵 は〜い！ おはようございます。（●）

うさぎをパネルの端へ移動します。
● 子どもの呼びかけに返事をしながら、「は〜い！」でさるを出します。

5

👩 あら、おさるさんもお返事とごあいさつが上手ね。遊びに来てくれてありがとう。おさるさんにもプレゼントがあります。おさるさんの大好きな食べ物は何でしょう？

🧒 バナナ！

👩 当たり！ おさるさん、バナナをどうぞ。（●）

🐵 やった〜！ うっきっき〜、バナナ大好き！どうもありがとう。

👩 どういたしまして。

● 「どうぞ」に合わせて、さるをうらにします。

4月 パネルシアター

6

うさぎ、さると同様に、いぬ（骨）、ねこ（魚）、ぞう（りんご）、チューリップとちょう（花）を登場させ、うらにします。

いぬ ≫

ねこ ≫

ぞう ≫

ちょう ≫

7

たくさんお友だちが集まりましたね。

先生、わたしおなかすいちゃった〜。
プレゼントのお花のみつ、食べてもいい？

いいですよ。ごはんの前には
何て言うのかしら？

えっと……。

あらら？
ではみんなで教えてあげましょう。
ごはんの前のごあいさつは？

いただきます！

8

そうか、教えてくれてありがとう！
いただきま〜す！
ちゅうちゅうちゅう……ごちそうさま！
（ちょう→ぞう→ねこ→いぬ→
さる→うさぎ→の順に食べます）

順番に「いただきます」「ごちそうさま」を
言いながら、動物をうら返していきます。

9

きれいに食べられましたね。
みんな、ごあいさつもしっかり言えました。
拍手〜（パチパチ）。
さあ、みんなも○○園で、動物さんたちの
ように元気にごあいさつをしましょうね。

4月 パネルシアター

アレンジ　お誕生日会に

プレゼントを、動物たちへの誕生日プレゼントという設定にすると、お誕生日会用のパネルシアターになります。最後に大きなケーキを出して、「ハッピーバースデー」を歌ってもすてきですね！

保育への展開

お返事「はーい！」や、「おはようございます（こんにちは）」「ありがとう」「どういたしまして」などのあいさつが元気にできるように、いっしょに練習していきましょう。みんなで声を合わせて言うことで緊張感が和らぎ、クラス（園）としての一体感も生まれます。

4月 あくしゅでなかよし

パタパタシアター / PATAPATA THEATER

5分 / 1〜2人 / 2歳〜

ひとりぼっちのうさぎさんに、友だちがいっぱいできます。手をつないでつながって、仲良しになりました。はじめて会った友だちと、みんな仲良くなれるといいですね。

作るもの

画用紙を3等分に折ったものを2枚つなげて作ります。

うさぎ / ぶた / おおかみ / ねずみ / 男の子 / 女の子

※手はひもとフェルトで作ります。

型紙 100ページ

くるくると折り重ねておきます。

遊び方

1

先生：みなさん、今日はうさぎのみみちゃんが来ますよ。みんなで呼んであげてね。せーの。

子ども：みみちゃ〜ん！（●）

うさぎ：こんにちは！わたし、みみです。よろしくね。わたしね、まだお友だちがだーれもいないの。さびしいなあ……。

● うさぎを呼び、後ろに隠していたパタパタシアターを出します。

2

あら？　だれか来ましたよ。（●）

ぶた：ぶうぶう。だあれ？さびしいって言ったのは。

うさぎ：わたしよ。みみっていうの。まだお友だちがいないの。

ぶた：ぼくもなんだ。お友だちになってくれる？

うさぎ：もちろん！

ぶた：じゃあ、握手しよう。（●）ぼくはぶーだよ、よろしく。

● 巻いてあるカードを1枚開きます。
● 握手のところでは演じ手でない先生がフェルトの手を重ねるとスムーズです。

3

おおかみ：うわー、いいなあ。おいらも仲間に入れてくれよ。（●）

ぶた：ひえ〜！おおかみだ！やだよ〜！

おおかみ：そんなこと言わないでくれよ。おいら、かみおっていうんだ。

ぶた：た…食べない??

おおかみ：そんなことしないよ！

ぶた：うーん、わかった。じゃあ、握手…。

おおかみ：わーい！　握手だ！（●）

● また1枚開いておおかみを出します。
● 三人の会話の後、ぶたとおおかみの手をつなぎます。

4

ねずみ いいなあ、握手。
いいなあ、友だち。(●)
ちょっとこわいけど…。

おおかみ こわくないったら。
いいよ、握手しようぜ。

ねずみ だ、だいじょうぶかな…。

ぶた だいじょうぶだよ。こわくないよ。

ねずみ でも、わたし小さいから、
手が届かないかも…。

おおかみ だいじょうぶさ、ほら！

ねずみ わあ、ありがとう！(●)
わたしチュウ子。よろしくね。

5

男の子 あの〜…。
ぼく、けんいちって
いうんだけど…。(●)

うさぎ 友だちになりたいの？

男の子 う、うん。

みんな いいよ！ もちろん！
やったぜ！
わーい！（など口々に）

ねずみ はい、握手しよう。

男の子 うん、握手！(●)
やった〜！

6

女の子 うわ〜、楽しそう！
入れて入れて！
はい、握手！(●)

おおかみ うへ〜、まだ何にも
言ってないのに、もう握手してる！

うさぎ いいじゃないの。うれしいな、
友だちい〜っぱいできちゃった！

女の子 みみちゃん、お友だちが
いっぱいできてよかったね。
みんなも、となりのお友だちと
手をつないで、
いっぱいつながってみましょう。

4月 パタパタシアター

- ●1枚開いてねずみを出します。
- ●おおかみとねずみの手をつなぎます。

- ●そろそろと1枚開き、男の子を出します。
- ●ねずみと男の子の手をつなぎます。

- ●最後の1枚をパッと開き、すぐに男の子と手をつなぎます。

アレンジ クラスの子どもの名前で

新しいクラスの子どもたちの名前を動物の名前にしたり、似顔絵を描いて子どもだけのバージョンにしてもいいでしょう。

保育への展開

お話のように、友だちと輪になって手をつないでみましょう。「手をつないだお友だちや向かい側のお友だちの名前は覚えたかな？」と声をかけ、名前を言ってみてもいいですね。また、輪になって手をつないで歌を歌ってもいいでしょう。新入園や進級の時期に、新しい友だちや先生と仲良くなる機会になります。

かんたんマジック

指が消える!?

手だけでできる、とってもかんたんなマジックです。
たねが単純なので、呪文を唱えるときなどの雰囲気づくりが
ポイントになります。

用意するもの 色画用紙、セロハンテープ、モール（アレンジのときのみ使用）

4月 かんたんマジック

基本のやり方

1
「先生の手をよく見てね。指は何本ありますか？」
「5本！」
左手を開いて、指が5本あることを見せます。

2
「それではこれから魔法をかけます」
「ちちんぷいぷい…」
左手を体の前に出し、右手で魔法をかけるようなしぐさをします。

3
「えいやっ！あいたたた！」
「あっ、指がない！」
右手で、左手の親指をつかんで引き抜くふりをします。

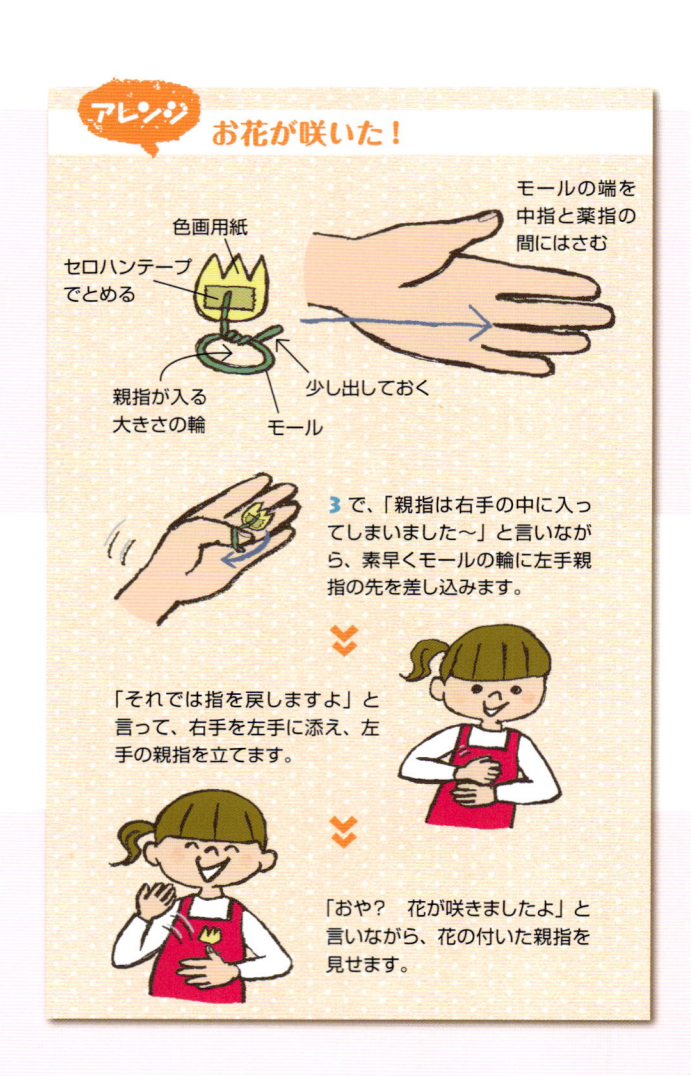

アレンジ　お花が咲いた！

- 色画用紙
- セロハンテープでとめる
- 親指が入る大きさの輪
- モール
- モールの端を中指と薬指の間にはさむ
- 少し出しておく

3で、「親指は右手の中に入ってしまいました〜」と言いながら、素早くモールの輪に左手親指の先を差し込みます。

「それでは指を戻しますよ」と言って、右手を左手に添え、左手の親指を立てます。

「おや？　花が咲きましたよ」と言いながら、花の付いた親指を見せます。

たねあかし

3のときに、左手の親指を深く折り曲げておきます。

自己紹介ゲーム
わたしの名前をおぼえてね

いつでもどこでもあそび / 4月

4月は出会いの季節です。新しい友だちや先生の名前を楽しく覚えて、仲良しになりましょう。

導入
「みんなの名前はなあに？ みんなの名前を教えてね」と言葉をかけます。
「まずは先生がやってみますね」と保育者に子どもたちの目がいくように促しましょう。

遊び方

1 まず、保育者がお手本として自己紹介をします。

> わたしの名前を覚えてね
> ようふくの **よ** がつく
> **ようこ** です

ポイント
必ずこの3つをセットにして言います。
ひとつひとつの言葉を、大きくはっきりと発音しましょう。

2 子どもたちに名前を呼んでもらい、返事をします。

> 名前を呼んでください
> はーい！

> ようこ先生！

3 ひとりずつ、1と2をくり返します。上手に返事ができたら、拍手をすると盛り上がります。

> みんなの名前の、初めの字は何かな？「○○の○がつく」を決めた人から教えてね

ポイント
「○○の○」がなかなか決められない子どももいるでしょう。そういうときのために、絵を描いたカードを作り、裏に「みかん」などの字を書いたものを用意しましょう。

カードを見せて「ともやくんの『と』は『トラック』と同じだね」などと話すといいですね。五十音すべてのカードを作っておくと、いろいろ活用できるので便利です。

5月 くいしんぼうの こいのぼりくん

パネルシアター
PANEL THEATER

10分　1人〜　2歳〜

5月の空を元気よく泳いでいるのは こいのぼり！…のはずが、ちょっと元気がありません。食べ物で元気になれることを伝えましょう。

作るもの

型紙103ページ

- りんご
- キャベツ
- みかん
- バナナ
- おにぎり
- お日様
- ハンバーグ
- 雲
- 柱

こいのぼり小／こいのぼり中／こいのぼり大
おもて／うら

こいのぼり特大
※特大サイズは片面だけ作ります。

遊び方

1

先生：もうすぐ5月5日ですね。5月5日はこどもの日！こどもの日にお空で気持ちよさそうに泳いでいるのは？

こども：こいのぼり！

先生：そう、こいのぼりですね。先生もこいのぼりを立てようと思って持ってきました。ほら！（●）あれ？　何だか元気がないね。それに、真っ白だねえ。ねえねえ、こいのぼりくん、どうしたの？

こいのぼり：あのね、ぼく、おなかすいた…。（●）

- ●パネルにこいのぼり小のおもて面を貼ります。
- ●セリフに合わせて少し動かしましょう。

2

そうか、おなかすいてたんだ！
そうだ！　先生いいもの持ってるよ。
ほら！　おいしそうなりんごでしょう？
こいのぼりくん、食べる？

りんごを貼ります。

5月　パネルシアター

3

わあ、おいしそう！
いただきま〜す！
むしゃむしゃむしゃ…。（●）

ごちそうさま！（●）

あ、こいのぼりくんの
しっぽが赤くなったね。
こいのぼりくん、
元気になった？

う〜ん、
もっと食べたいな。

● こいのぼり小をりんごに重ね、むしゃむしゃに合わせて動かします。

● こいのぼり小をうらにして、りんごを引っ込めます。

4

そう？　じゃあ、
バナナ食べる？

わあい！　いただきまーす！
むしゃむしゃむしゃ…。（●）

ごちそうさま！（●）

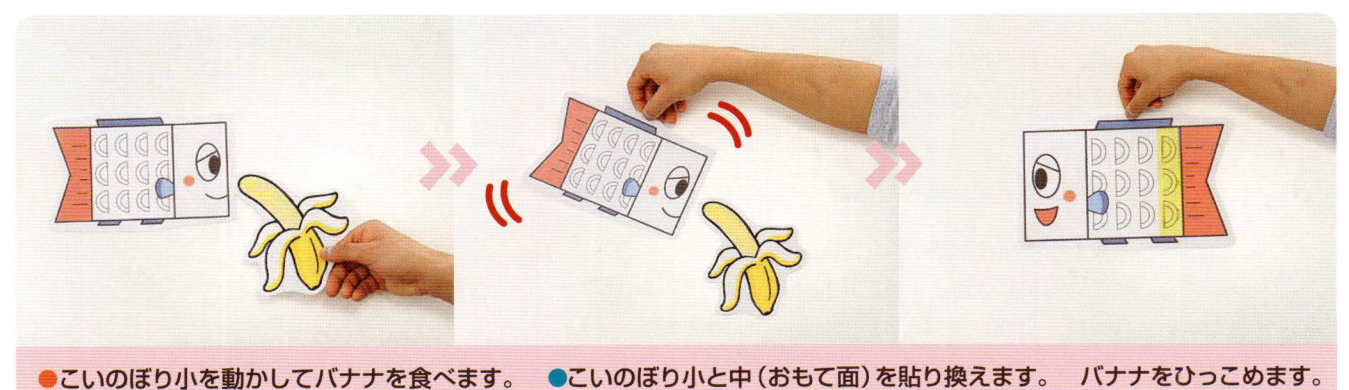

● こいのぼり小を動かしてバナナを食べます。　● こいのぼり小と中（おもて面）を貼り換えます。　バナナをひっこめます。

5

同様にみかん、キャベツを食べて、こいのぼりにどんどん色が加わるようにします。

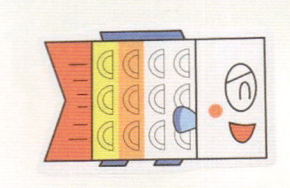

※こいのぼり中をうら面にします。

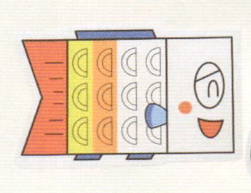

※こいのぼり大のおもて面を貼ります。

6

こいのぼりくん、なんだか大きくなったみたい。

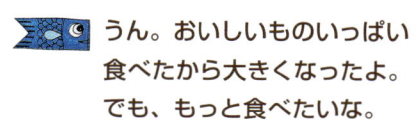

うん。おいしいものいっぱい食べたから大きくなったよ。でも、もっと食べたいな。

もっと？ じゃあ、先生のお弁当のおにぎり、食べる？（●）

わあい、いただきま〜す！ むしゃむしゃむしゃ…。（●）

●おにぎりを見せ、パネルに貼ります。
●こいのぼり大を動かして食べさせます。

7

ごちそうさま！（●）

たくさん食べたね。もうおなかいっぱいになった？

うん。でも…、もうちょっとだけ食べたいな。

ええ！ まだ食べるの？ じゃあ…これ、晩ごはんにしようと思ってたんだけど…ハンバーグ食べる？（●）

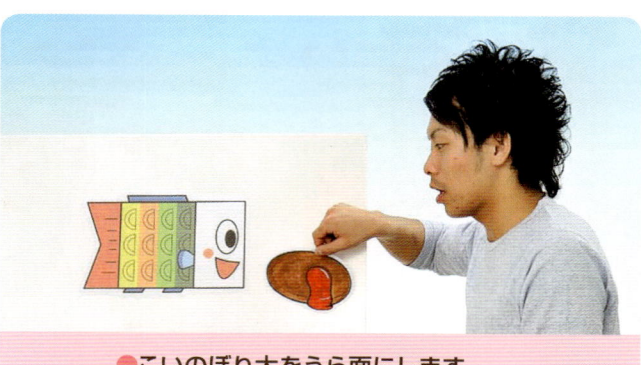

●こいのぼり大をうら面にします。
●ハンバーグを見せてから貼ります。

8
🎏 わあ、大きなハンバーグ！
いっただきま〜す！
もぐもぐもぐ…
むしゃむしゃむしゃ…
おいしいね！
もぐもぐもぐ…

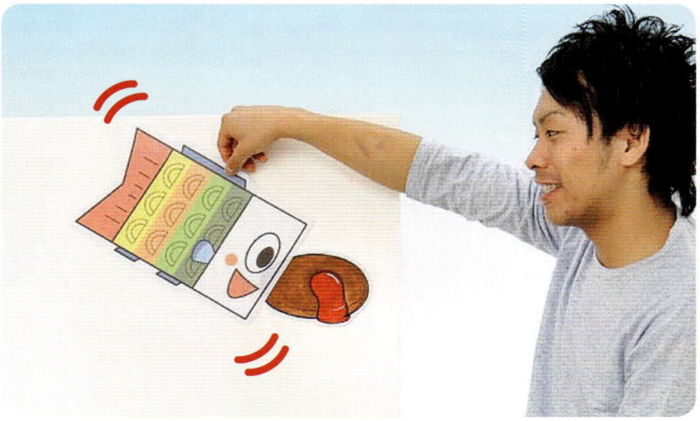

9
🎏 ふ〜っ、おなかいっぱい！
ごちそうさまでした！（●）

👦 こいのぼりくん、おなかいっぱいで
元気になったね。
それにずいぶん大きくなったね！

●こいのぼり特大に貼り換えます。

10
🎏 うん。いっぱい食べて元気になったよ。
ぼく、お空を泳ぎたくなっちゃった。

👦 そう？　じゃあ、みんなで
「こいのぼり」の歌を歌って、
こいのぼりくんを応援しようか！

👦 （歌の後に）こいのぼりくん、
元気になってよかったね。

「こいのぼり」の歌を歌いながら、
こいのぼりの柱を立て、お日様と雲を貼ります。

保育への展開
こどもの日は、子どもたちの幸福を祈る日です。こどもの日にあげるこいのぼりにも、成長を祈る意味があります。そのことにちなみ、こいのぼりがたくさん食べる姿から、給食やお弁当を残さず意欲的に食べる意識をもつような言葉がけをするきっかけにしてください。

5月　パネルシアター

5月 たいそうしましょう

HAND ハンド パペット PUPPET

5分　1人〜　1歳〜

パペットたちと、楽しく体操をしましょう。
体を曲げたりのばしたり、ぐるぐる回したり……。
パペットと同じ動きができるでしょうか？

用意するもの

ハンドパペット（1〜2体）

おもちゃ入れに眠っているハンドパペットを使っても、オリジナルのパペットを作ってもいいでしょう。

はじめる前に…

ハンドパペットに手を入れてみましょう

どんな指の形でもいいです。
動かしやすいように、指が疲れないように、自分に合った形を考えてくださいね。

ハンドパペットを動かすときは…

よいポーズ

パペットの手がばんざいしないように少し下げ、背中がまっすぐになるようにしましょう。（9ページ参照）

遊び方

1 先生

今日はお友だちを連れてきましたよ。
じゃーん！　くまちゃんです。
くまちゃんはとっても体操が上手なんだよ。
みんな見ててね！

「じゃーん！」で、隠しておいた人形を出します。

2

まずは体を前に曲げま〜す！
それから、後ろにも曲げま〜す！
ではやってみますね。
いち・に、さん・し、
ご・ろく、しち・はち…。

かけ声に合わせて動かします。

5月 ハンドパペット

3

次は横に曲げま〜す！
いちに、さんし…。

体を回しまーす！
いちに、さんし…。

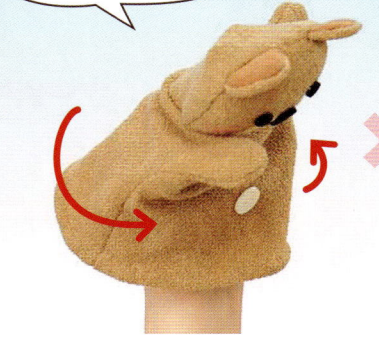

最後は深呼吸。
すって〜、はいて〜。

はい、これでおしまいです。
どう？　上手だった？
みんなも上手にできるかな？

アレンジ　両手を使って

うまくできるようになったら、両手にパペットを持ってやってみてください。テーブルのかげに隠れて、人形だけ見せてもいいですね。たくさんの人形がそろって体操をするのも、楽しいですよ。

保育への展開

園にあるぬいぐるみや人形など、身近なものといっしょに体操をしてみましょう。先生の動かす人形の物まねから体操遊びに展開し、人形劇に出てきた動物だけでなく、人形劇に出てこなかった動物は、どんな体操をするか（ヘビ体操、さかな体操など）考え、動いてみましょう。季節の歌や、園やクラスで歌っている歌に合わせて人形を動かし、体を動かす楽しさに気づく機会にしましょう。

かんたんマジック

あやつりヘビくん

5月 かんたんマジック

短い時間でかんたんにできるマジックです。
糸を引っぱる動作をするときにおおげさに演じれば演じるほど、
子どもたちは、その見えない糸とヘビくんの動きにくぎづけになるでしょう。

用意するもの 紙テープ（水性ペンで顔を描いておく）

基本のやり方

1 先生は今日ヘビくんを連れてきました〜

えー!?

たねあかし
紙テープを2つ折りにし、人さし指と親指のはらではさんで持ちます。

親指を上下にこすってクネクネと動かします。

へびの顔はうらおもて両方に描いておきましょう。

2 ここに魔法の糸があります

左手で糸をつまむまねをします。

3 この糸はヘビくんとつながっています

ヘビくんと糸を近づけます。

4 糸をひっぱると… **あーら不思議！**

なんで〜？ヘビくんが動いてる！

右手の親指を上下させると、ヘビくんがクネクネ動きます。
これで糸をあやつっているように見せるため、
タイミングを合わせて指を動かしましょう。

アレンジ いろいろなものをあやつろう！

（こいのぼりくん）

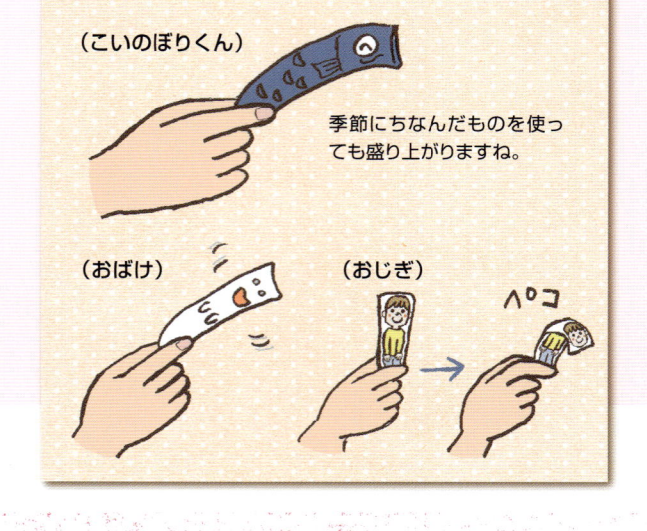

季節にちなんだものを使っても盛り上がりますね。

（おばけ）　（おじぎ）　ペコ

手遊び 種まき

いつでもどこでもあそび

体を使って季節感を味わえるリズミカルな手遊びです。
声の大きさや動作を変えて表現することを楽しみましょう。

導入　畑の形を指で作り、「これ何に見える？」などと子どもたちにクイズ形式で問いかけます。
子どもたちの集中力も高まり、想像力もふくらむでしょう。

5月

種まき　　わらべうた

1. ちいさなはたけを たがやして　ちいさなたねを うえました
2. おおきなはたけを たがやして　おおきなたねを うえました

だんだんのびて はるになり ちいさなはなが さきました（パッ）
だんだんのびて はるになり おおきなはなが さきました（パッ）

ポイント

最初は小さな畑と大きな畑を作って遊びましょう。大小を自分で作ることで子どもたちは、その中間の大きさ（中くらいの畑）を意識できます。

遊び方 1番

1　♪小さな畑を たがやして
両手の人さし指で畑の形（四角形）を描きます。

2　♪小さな種を うえました
左の手のひらから種をつかんで右手で種をまくまねをします。

3　♪だんだんのびて
手のひらを合わせてジグザグしながら上へあげます。

4　♪春になり
手をキラキラさせながら下までおろします。

5　♪小さな花が さきました
胸の前でつぼみを作って待ちます。

6　♪パッ！
手を開いて花にします。

アレンジ

2番～4番は歌詞と最後のポーズを変えて演じましょう。

2番　大きな畑（大きな動作で）
6　頭の上で花を作る

3番　中くらいの畑（中くらいの動作で）
6　ひじをくっつけて開く（パッ）

4番　かいじゅうの畑（ダイナミックに）
6　両手を全開にする（ガオー！）

6月 くいしんぼゴリラのはみがき

ペープサート PAPER PUPPET

10分 / 1人 / 2歳～

6月4日は虫歯予防デーです。
歯みがきの習慣は小さいうちからしっかりつけたいもの。
楽しいしかけで、歯みがきの習慣づけを促します。

作るもの　型紙106ページ

- ゴリラ① おもて／うら
- ゴリラ② おもて／うら
- ゴリラ③ おもて／うら
- バナナ（中身）　作り方は107ページ
- レモン（中身）
- 玉ねぎ　作り方は108ページ
- 歯ブラシ
- 舞台

※舞台図は108ページ参照

遊び方

1
先生：とってもくいしんぼなゴリラくんがいました。
ゴリラ：おいらくいしんぼだけどね、好き嫌いしないで何でも食べるんだ、すごいでしょ。
ウホッ…あれ？　これは何だ？

ゴリラ①のおもてを出し、バナナを見せます。

2
あっ、バナナだ！　食べちゃお～っと。
皮をむいて…皮をむいて…
パックーン！　おお～うまい！

ゴリラ①を粘土にさして立て、
バナナの中身を出します。
ゴリラ①をうらにして、口にバナナを入れます。

3 子ども ♪（くいしんぼゴリラのうた　1番）

くいしんぼな　ゴリラが
　　バナナを　みつけた

かわむいて　かわむいて
　パックンと　たべた

ドンドコ　ドンドン
　ドンドコ　ドンドン
　　　おー　うまい♪

＼おー　うまい！／

事前に歌を練習しておいてみんなで歌っても、
「おー　うまい」だけをくり返させてもいいでしょう。

※楽譜は31ページにあります。

4 さて次の日……。

きのうのバナナ、おいしかったなあ。
今日もおいしいものを見つけるぞ。
ウホッ、これは何だろう？

ゴリラ②のおもてとレモンを出します。

6月　ペープサート

5 これ、何か知ってる？

レモン！

ふーん、レモンっていうんだ。
皮むいて、皮むいて、食べちゃおうっと。
パックーン！
………おおお〜〜〜っ、すっぱい！

ゴリラ②を粘土にさして立て、
レモンの中身を出します。ゴリラ②をうらにして、
すっぱい顔の口にレモンの中身を入れます。

6 ♪（くいしんぼゴリラのうた　2番）

くいしんぼな　ゴリラが
　　レモンを　みつけた

かわむいて　かわむいて
　パックンと　たべた

ドンドコ　ドンドン
　ドンドコ　ドンドン
　　　おー　すっぱい♪

＼おー　すっぱい！／

「ドンドコ…」では、
両手で胸をたたきます。
最後はすっぱい顔をしましょう。

7

さてまた次の日……。

ああ、きのうのレモンはすっぱかった……。
今日こそおいしいものを見つけるぞ！
ウホッ？　これ、何かなあ？
みんな知ってる？

玉ねぎ！

ふーん、玉ねぎか。よし、皮をむいてみよう。
あれ？　あれれ？　こりゃまた、
むいてもむいても中身がないや。
うう、何だか涙が出てきちゃう…
ウホッ、ウホッ、ウエーン！

ゴリラ③と玉ねぎを出し、粘土にさします。
玉ねぎの皮をむいていきます。
最後に残った白いところも取ってしまいます。

8

♪（くいしんぼゴリラのうた　3番）

くいしんぼな　ゴリラが
たまねぎ　みつけた　　かわむいて　かわむいて
　　　　　　　　　　　かわむいて　かわむいて

かわむいて　かわむいて
たべるところが　なくなった　　ドンドコ　ドンドン
　　　　　　　　　　　　　　　ドンドコ　ドンドン
　　　　　　　　　　　　　　　　ウエーン♪

ウェーン

皮をむくしぐさをした後、泣くまねをします。

9

ゴリラくん、泣き出しちゃいました。
でも安心してね、ゴリラくん。
玉ねぎの皮をむくとだれでも涙が
出ちゃうんだ。
それから、玉ねぎは中の
白いところを食べるんだよ。

ゴリラ③をうらにして、泣き顔のほうにします。

10

🐵 なーんだ、そうだったのか、ウホッ。

👦 ところでゴリラくん、食べた後にする大切なことを忘れていない?

🐵 えっ、忘れてないよ。
ごちそうさまってあいさつするんでしょ?

👦 ごちそうさまの、その後にすることだよ。
みんなはわかるよね、
ゴリラくんに教えてあげて。

👦 歯みがき〜!

ゴリラ③をおもてに戻し、歯みがきの話をします。

11

🐵 そうか、歯みがきだ!
おいらも歯ブラシ持ってるよ、ほら!
ごはんの後は、シュッシュッシュッシュッて。
ウホッ、みがくの上手でしょ?

👦 6月4日は虫歯予防デーです。
みんなも歯みがき忘れないで、
ゴリラくんのようにしっかり歯をみがいてね。

歯ブラシを出し、ゴリラ③の歯をみがきます。

保育への展開

6月は、園生活に慣れ、生活習慣の意識も芽生えてくるころです。6月4日の「虫歯予防デー」に関連させて行うほか、食育のお話としても用いることができます。「ゴリラくんみたいに、給食やお弁当を残さないで食べられるかな?」など、話してみてください。

6月 ペープサート

くいしんぼゴリラのうた

作詞／阿部直美
作曲／おざわたつゆき

♩=116

1.〜3. くいしんぼ な ゴリラ が {バナナを / レモンを / たまねぎ} みつけた かわむいて かわむいて パックン と たべた

ドン ドコドンドン ドン ドコドンドン おー (うまい/すっぱい) かわむいて かわむいて かわむいて かわむいて

かわむいて かわむいて たべるところが なくなった ドン ドコドンドン ドン ドコドンドン ウェー ン

かんたんマジック

ティッシュおばけの大変身

6月 かんたんマジック

ティッシュの浸透性を利用したマジックです。
インクが染み出ることがあるので、下に新聞紙などを敷いて行いましょう。

用意するもの ティッシュ、水性ペン、新聞紙

基本のやり方

1 ここにたねもしかけもないティッシュがあります

ティッシュを1枚広げてみせます。
たねもしかけもないことをアピールしましょう。

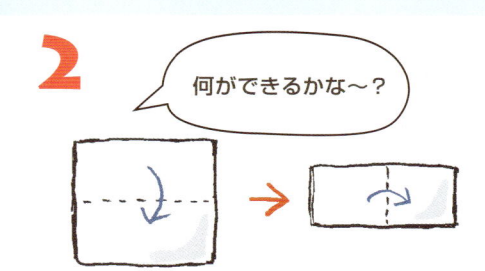

2 何ができるかな～？

ティッシュを2回折って四角にしましょう。

3 ペンでおめめを描くと…おばけに変身！

4 ぼくの得意技を見せてあげる！

5 どろんぱ どろんぱ… まんまる大変身！

くるくるとティッシュを回します。

6 おばけくんが、まんまるちゃんに変身しました！

ティッシュを広げます。

たねあかし
目を描くときは、ペンを5秒ほど押さえましょう。インクが1番下まで浸透します。
5秒

アレンジ　お花に大変身！

四角折りして右の状態にする。

模様をつけて広げると…　お花に大変身！

まねっこゲーム
はな・はな・はな

保育者の言葉に素早く反応して、指を移動させるあそびです。
体の部位の名称も覚えられます。子どもたちは保育者の顔をよく見て、
次の言葉をしっかり聞こうとするので、話を聞く姿勢が身につくでしょう。

導入
遊ぶ前に子どもたちと、指や顔の名称を確認してから行うと、
スムーズにゲームが進められます。

遊び方 1
保育者は人さし指を鼻にあて、「はな・はな・はな」と言います。
子どもたちにもまねをするよう促します。

> はな・はな・はな〜♪

2
次に体の部位の名前を言い、指します。
子どもたちもまねして言われた部位を、素早く指します。

> 耳!

3
同じように 1〜2 を他の部位でくり返します。

アレンジ　ひっかけ指さし

1. 保育者は「先生は違うところを指すかもしれないけど、みんなはつられないで正しいところを指してね」と伝えます。
2. 「はな・はな・はな…ひざ!」と言いながら、保育者はひじなど違う部位を指します。

> 鼻・鼻・鼻
> ひざ!
> あっ!!

アレンジ　忘れ物チェック

降園時に「はな・はな・はな…帽子!」「はな・はな・はな…カバン!」など、忘れ物がないか、さわって確認します。

OK?

6月　いつでもどこでもあそび

7月 おりひめ星とひこ星

ゆらゆら人形劇 / YURAYURA PUPPET

10分 / 1人 / 3歳～

7月7日は七夕です。
七夕のお話を、ゆらゆらゆれる人形を使って楽しみましょう。

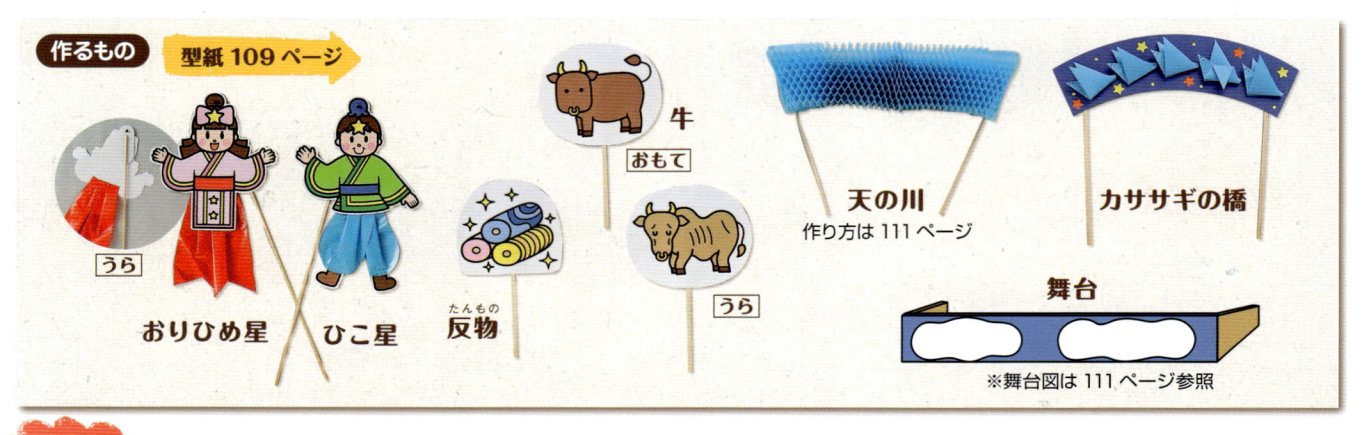

作るもの（型紙109ページ）

- おりひめ星（うら）
- ひこ星
- 反物（たんもの）
- 牛（おもて／うら）
- 天の川（作り方は111ページ）
- カササギの橋
- 舞台（※舞台図は111ページ参照）

遊び方

1（先生）
むかしむかし、
空にとてもきれいなお星様が
すんでいました。おりひめ星です。
名前のとおり、機織り（はたお）が上手で、
ほら、こんなにきれいな布を
たくさん織ることができました。

2
そのとなりには、
ピカピカよく光るお星様が
すんでいました。
ひこ星という、男のお星様です。
ひこ星は牛を飼うのが上手で、
こんなにまるまると太った
いい牛を飼っていました。

おりひめ星を出して紹介し、反物を粘土にさして
立てます。おりひめ星は、舞台に向かって
左側の粘土にさします。

ひこ星を舞台に向かって右側に出し、
牛のおもて面（太った牛）を粘土にさします。

3 🎵 ふたりはとても仲良しで、毎日歌ったり踊ったりしていました。
♪（ねがい星の歌）

反物と牛は隠します。

※楽譜は 36 ページにあります。

7月 ゆらゆら人形劇

♪おりひめ星 ピカリ♪

おりひめ星を上げてゆらします。

♪ひこ星 ピカリ♪

ひこ星を上げてゆらします。

♪なかよし なかよし♪

胸の前で交差させてゆらします。

♪ねがいぼし♪

ハート型を描くようにぐるっと回し、ふたりを近づけます。

4 あんまり仲が良くて遊んでばかりいたので、
おりひめ星は機織りを忘れてしまい、
ひこ星は牛の世話をするのを
忘れてしまったので、
牛がこんなにやせてしまいました。

ふたりを粘土にさし、牛のうら面（やせた牛）を見せます。

5 ふたりの様子を見ていた天の神様は怒ってしまいました。
そして、毎日会えないように、大きな大きな川をふたりの間に作ってしまいました。
これが「天の川」です。

でんぐりシートで作った天の川を開いて、ふたりの間に立てます。

6 こうしておりひめ星はまた機織りを始め、ひこ星は牛の世話をしたので、ほら、牛が元気になりました。

反物と牛を出し、見せた後に隠します。

7 でも、夜になるとふたりは川の岸に来て
「おりひめさまーっ」
「ひこぼしさまーっ」と
名前を呼び合いました。
その悲しい声は、空いっぱいに響きました。

お互いの名前を呼び合うようなしぐさをします。

ねがい星の歌

作詞・作曲／阿部直美

おりひめぼし ピカリ ひこぼし ピカリ
なかよし なかよし ねがいぼし

8

天の神様もかわいそうに思って、1年に1度、7月7日の夜だけ会えるようにしてくれました。この日は、カササギという鳥が天の川に橋をかけてくれるのです。

カササギの橋を出し、天の川の上になるようにして、粘土にさします。

9

こうしてふたりは、また会えるようになりました。七夕の日の夜、晴れていたらふたつの星が見えますよ。みんなも見つけてみてね。

カササギの橋の上でふたりが会うように動かします。

7月 ゆらゆら人形劇

まめちしき

七夕の行事は、中国の伝説がもとになっています。ひこ星（牽牛星）は天の川の西岸にあるわし座のアルタイル、おりひめ星（織女星）は東岸の琴座のベガ、間の天の川に白鳥座（カササギの橋）があります。白鳥座のデネブとともに、3つの星を「夏の大三角」と呼びます。新暦（現在の暦）の7月7日は梅雨の最中で曇っていることが多いのですが、旧暦の7月7日は晴れることが多く星がよく見えるところから、このような伝説が生まれたと言われています。

保育への展開

7月7日の七夕は、習い事が上手になるよう星に祈るお祭りとも言われています。七夕の日までに、短冊に願い事を書いたり、笹飾りを製作したりしましょう。

7月 おばけだぞ～

PAPER ペープサート PUPPET

5分 / 1人 / 2歳～

暑い夏にぴったりの、おばけいっぱいのペープサートです。
布のかげからおばけを出せば、ひんやり涼しくなるかも？

用意するもの
- テーブル
- 黒い布

作るもの（型紙112ページ）
- おじぞうさん
- ひとつ目こぞう（おもて／うら）
- かさ（おもて）／からかさおばけ（うら）
- 柳の木（おもて）／おばけ（うら）
- 女の子（おもて）／ろくろ首（うら）
- 化け猫のお面（先生用）

遊び方

1 先生：今日もいっぱい遊んだね。
みんなとさよならして、お家に帰ったら、
外はだんだん暗くなってきました。
だんだんだんだん暗くなって…、
夜になりました。夜になったらどうする？
晩ご飯を食べて、歯をみがいて…
それからもう寝る？　でも今日は、
ちょっと夜の散歩に出かけてみようかな。（●）

●黒い布を出して、片腕にかけます。

2 外は真っ暗です。何も見えないね。
あれ？　でも何か見えてきた。（●）
これはなあに？
おじぞうさんだ。でもよく見ると…

●おじぞうさんのペープサートを布から出します。

3

　ひとつ目こぞうだ～！
　お～ば～け～だ～ぞ～!!

絵をうら返し、ひとつ目こぞうにします。
ゆらすなどしてちょっとおどかします。

4

　あ～びっくりしたあ！
　あれ？　また何か出てきたよ？（●）

●布のあっちこっちからペープサートを出して、**2**、**3** と同じように、ひとつずつおばけを見せていきます。

7月 ペープサート

5

　こわかったね～。みんな大丈夫だった？
　先生、ものすごくこわかった！
　でもね、でもね…、でも本当は先生もね…（●）
　化け猫なんだよぉ～！　フギャ～～!!

●布で顔を隠して布のかげでおばけに変身！
ゆっくり布から顔を出します。

保育への展開

クラスで「おばけなんてないさ」を練習しておき、導入や展開のアレンジとして歌ってもいいでしょう。お話の後におばけのお面作りをしても楽しいですね。「みんなでおばけになってみよう！　先生のおばけよりも、こわいおばけができるかな？」などと声をかけましょう。

かんたんマジック

まほうの指

はじき絵がたねとなっているマジックです。筆ペンで色を塗るときはダイナミックに塗ったほうが子どもたちの驚きが増します。
はじき絵の導入として行ってもいいですね。

用意するもの 白い紙（やや厚手のほうが望ましい）、筆ペン、クレヨン

7月 かんたんマジック

基本のやり方

1 七夕の日におりひめ様とひこ星様が出会えるよう、天の川を出しましょう
白い紙を子どもたちに広げて見せます。

2 夜になってきました
白い紙を筆ペンで塗りつぶします。

3 あれれ？ 天の川があらわれてくれません…。これではおりひめ様とひこ星様が出会えません！
黒く塗りつぶした紙を見せてからひっくり返します。

4 では今から魔法をかけます
指で星を描くまねをします。

5 チチンプイプイ ウェルカム天の川！
白い紙に魔法をかけます。

6 天の川が出てきました！すてきな七夕になりますように
筆ペンで塗りつぶすと、白いクレヨンで描いた天の川が浮かび上がります。

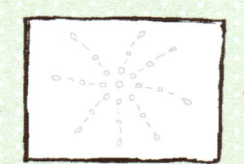

アレンジ 花火がパッ

白いクレヨンで花火を描いておく。 → 筆ペンや絵の具を塗ると花火になる。

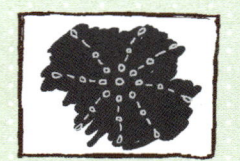

たねあかし

うらにはあらかじめ白いクレヨンで天の川を描いておきます。

シルエットクイズ
わたしはだあれ？

いつでも どこでも あそび

何も道具を使わないのに、保育者の指からいろいろなものが生まれます。
子どもたちもやってみたくなり、挑戦することでしょう。

7月 いつでもどこでもあそび

遊び方 1
保育者が子どもたちに声をかけながら影絵を作ります。

導入
今日はかわいい動物を連れてきました。何かわかるかな？

ポイント
天気がいい日の園庭など、影ができやすい場所で行いましょう。

演じる動物やものに合わせて手の動かし方を工夫すると、よりリアルに見えますよ。

2
呪文を唱えながら影絵のヒントを伝え、子どもたちに当てさせます。

チチンプイプイ
横歩きの生き物な～に？

カニさーん!!

影絵の作り方
いろいろな動物を当てっこしましょう。

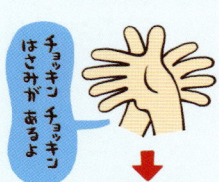

カニ
チョッキン チョッキン はさみがあるよ
足を動かして演じてみましょう。

キツネ
しっぽはフサフサだよ
コンコンなく動物な～に？
口をパクパクしてみましょう。

イヌ
ワンワンなくよ
小指を上下に動かすとほえているみたいに。

カエル
ケロケロケロ～
雨が大好き
薬指が目になります。

アレンジ 動物以外も

ピーッとなったらお湯が沸いているよ

やかん
子どもに湯のみを作ってもらってもOK！

8月 海であそぼう！

PUPPET THEATER マリオネット

10分 / 1〜2人 / 3歳〜

プリンのカップや箱のふたが、海の生き物に大変身！
歌にのせて、海の生き物が踊り出します。
最後はみんなで海のお散歩を楽しみましょう。

作るもの

型紙117ページ

海
- 色画用紙などを貼る
- 段ボールを三角形にして、立つようにする

いそぎんちゃく
- ひも
- 色画用紙の端を丸める
- プリンなどのカップの中に色画用紙を丸めて入れる
- [うら] うら側にひもを付ける

たこ
- ワイヤー
- 紙皿に色をぬる
- モールを貼って足にする

魚
- 正方形の箱のふた
- 模様は色画用紙などで作って貼る
- フラワーペーパーなどのやわらかい素材で尾を作る

ひとで
- 色画用紙
- [うら] カップアイスなどのふたを貼り、ひもを付ける

くらげ
- 小さめのカップラーメンの容器を半分に切る
- 内側に綿ロープなどを貼り付ける

くじら
- 段ボールなどに色画用紙を貼る
- ヒレは丸めて浮かせる
- [うら]「しお」を作ってポケットに入れる
- 黒い紙を貼り、ポケットを作る

うみ

作詞／林 柳波
作曲／井上武士

うみは ひろいな おおきいな つきが のぼるし ひがし ずむ

遊び方

1 先生：海に行ったことがあるお友だちは？
子ども：はーい！（いなくてもいい）
先生：これから「うみ」の歌を歌いますから、歌える人はいっしょに歌ってね。

♪うみはひろいな おおきいな
つきがのぼるし ひがしずむ♪

子どもと話しながら、背景のボードを机の上に立て、歌を歌います。

2 おや〜？　だれか出てきましたよ〜。
わあ、きれいなお魚さんですね〜。

♪うみのなかでは さかなのダンス
ひらりひらひら およいでる♪

魚を出して、尾を動かしながら泳がせます。

3 お魚さん行っちゃいました。
おや？　そこにいるのはだれ？

♪うみのそこでは いそぎんちゃくが
ひとでとなかよく おさんぽよ♪

いそぎんちゃくとひとでを出して動かします。

8月　マリオネット

4 さあ、どんどん出てきますよ！
今度はたこさんで〜す。

♪うみのにんきもの たこさんも
ゆらりゆらゆら たこおどり♪

上下左右にゆらして、踊らせます。

43

5 次はだれかな〜?

♪うみのなみまに
うかぶのは
ぷかりぷかぷか
くらげさん♩

上下にゆらして、くらげの足を動かします。

6 あら、大変! あやしい影が……。
大きいね〜、これはだれかな?
みんなわかる?

くじらのうら(黒い面)を出し、
ゆらします。

7 くじらさんでした!

くじらをひっくり返して、絵のほうを出します。

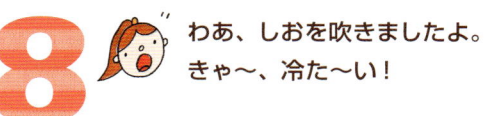

8 わあ、しおを吹きましたよ。
きゃ〜、冷た〜い!

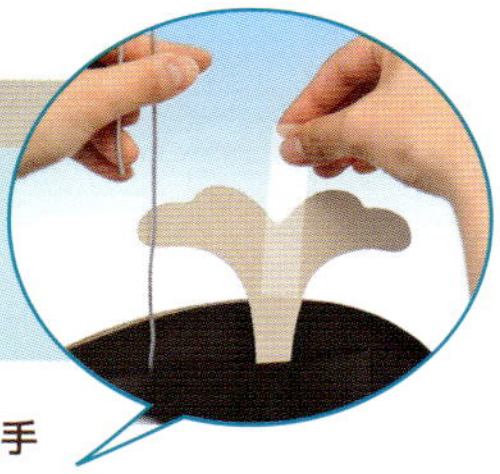

♪うみの おうさま
くじらさん

しおは てんまで
とどきそう♩

うら面のポケットから
「しお」を引き出します。

※「しお」に透明なプラスチックなどで持ち手を付けておくと、取り出しやすくなります。

9

海のお友だち、たくさんいましたね。

♪おさかな ひとで
いそぎんちゃく

たこに くらげに
くじらさん♪

今まで出てきた生き物を、全部出し、背景にワイヤーをひっかけます。

10

なんだか海で遊びたくなっちゃったね。
水中メガネをかけて、もぐってみようか。
……かけられたかな～？
それでは、今からお部屋は海になりま～す。
上手に泳げるかな～？
さあ、何が見えるでしょう？

両手で水中メガネをかけるまねをして、
子どもといっしょに、泳ぐまねをして歩き回ります。

8月　マリオネット

アレンジ　子どもの絵で・お誕生日会に

子どもに、海の生き物の絵を描いてもらい、それを切り抜いて作ってもいいでしょう。

お誕生日会などでは、最後に竜宮城へ行って、乙姫様にケーキをもらうなどの演出をしても楽しいですね。

保育への展開

海の生き物を図鑑や絵本で調べてもいいでしょう。興味・関心が広がるきっかけになります。

かんたんマジック

あやつりタコチュ〜

8月 かんたんマジック

夏ならではの涼しげなマジックです。水の量の調節など、事前に少し準備することはありますが、マジックが終わったらそのまま保育室に飾ることもできるので、お得ですね。

用意するもの ペットボトル、お弁当のしょう油入れ容器、ビニールテープ、水

基本のやり方

1 「先生のペットのタコチュ〜を連れてきました〜」
「かわいい〜」「すご〜い」

たねあかし
- お弁当のしょう油容器に、赤のビニールテープ製のタコを両面に貼る。 
- しょう油容器に少しずつ水を入れ、水の中で浮きも沈みもしないように調整する。
- 水を入れたペットボトルの中にしょう油容器を入れる。

2 「タコチュ〜 上にのぼっておいで」
ペットボトルを軽く握ると、上に浮かんできます。

3 「タコチュ〜 下に沈みなさ〜い」
握る力をゆるめるとタコが沈みます。

4 「タコチュー 上に来てー!」
子どもたちの声に合わせてタコを動かすと盛り上がります。

アレンジ おさかな天国

大きめのペットボトルに、海の仲間を何匹か入れて演じるのもすてきです。

ポーズゲーム 雨・雷・台風

いつでもどこでもあそび

保育者のコールを聞いて、そのポーズをとります。コールに素早く反応するのが楽しいあそびです。集中力が養われるうえ、台風のポーズなどはみんなでひとつになるので、仲間意識が高まるでしょう。

導入
「今日の天気は何かな？」と子どもたちに問いかけをし、ゲームへの期待感を高めます。その季節ならではの天気を取り入れてもいいですね。

8月

遊び方

1 3つのポーズを確認します。

- **雨** 両手で傘を作る
- **雷** 両手でおへそを隠す
- **台風** 友だちと肩を組み丸くなる

2 コール「雨が降ってきたよ！」
みんなが傘のポーズができたか確認します。

3 コール「雷が鳴ったよ！」
おへそを隠せたか確認します。

4 コール「台風だ！」
友だちと肩を組めたか確認します。
2～4を順序を変えて何度かやってみましょう。

アレンジ 別の言葉で挑戦してみよう

- **晴れ** 元気よく足踏みする
- **雪** ふるえるまねをする
- **そよ風** 手をフラダンスのように動かす
- **曇り** 腕を組み、しかめっ面をする
- **竜巻** その場で1回転する

いろいろなお天気モードを加えて遊んでみましょう。

9月 でたでた月が…？

パネルシアター

10分 / 1人 / 3歳〜

秋の行事のお月見について話をしましょう。
年中行事への興味が深まります。
歌にのせて、くり返しを楽しみましょう。

作るもの

- うさぎ
- 団子
- すすき
- 雲
- 目玉焼き ⇄ ドーナツ
- みかん ⇄ メロンパン
- 皿 ⇄ 月

型紙120ページ

おもてとうらの絵を、それぞれ貼り合わせておきます。

遊び方

1

先生：今日は十五夜。十五夜って知ってる？　お月様がとってもきれいに見える日のことです。
だから今夜はまんまるのお月様を見る「お月見」の日です。
あら？　うさぎさんたちがお月見に来ましたね。（●）

うさぎ：ぼくたちお月見するんだ！

● うさぎを2匹貼ります。

2

うさぎ：そういえば、お月見って何すればいいの？

先生：お月見のときはね、お月様みたいなまあるいお団子をお供えして、すすきも飾って、きれいなお月様が見えますようにってお空を見るんですよ。（●）

● セリフに合わせて、団子とすすきを貼り、空を指してうさぎに教えます。

3
🐰 ふうん、早くお月様出ないかな。
まんまるお月様出ないかな♪

👦 あれ？　雲が出てきたよ。（●）
お月様、あの雲に
隠れているのかな？

●団子とすすきを外し、黒い雲を貼ります。
雲の後ろには、目玉焼きを隠しておきます。

4
👦 それでは、
お月様が出てくれるように
みんなで「お月さま」の歌を
歌いましょう！

♪でたでた月が
まあるいまあるい
まんまるい
盆のような月が♪

子どもたちといっしょに歌います。

5
👦 あ、雲が動いて
何か出てきましたよ。（●）

🐰 お月様だ！
お月様早く出てください！

●雲をずらして、雲から目玉焼きを少しのぞかせます。

9月　パネルシアター

6

子ども
- あれ？　これお月様？（●）
  違うよね。これなあに？
- 目玉焼き！（ほかに、「たまご」などでも）
- 目玉焼きだったね。
- お月様じゃなかったね…。（●）

● 雲を外して目玉焼きを出します。
● 雲と目玉焼きを引っ込めます。

7

- あ、また雲が出てきたよ。

同じように、雲の後ろにドーナツ、みかん、メロンパン、皿などを隠しておき、歌いながら次々に出します。

8

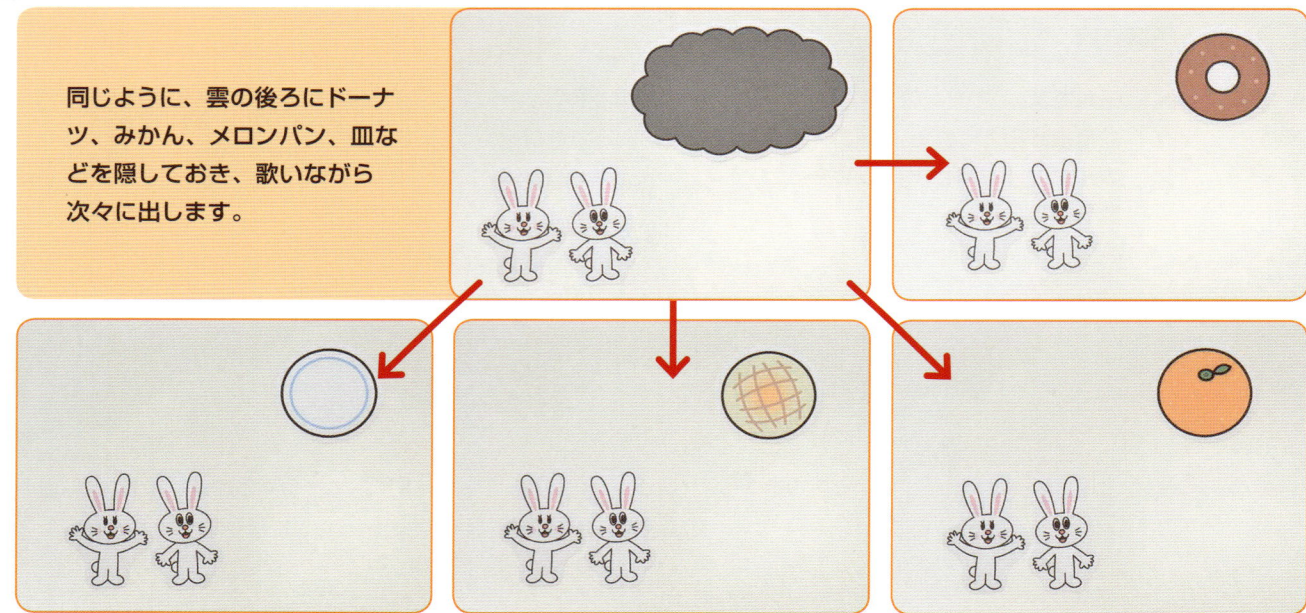

- なかなかお月様出てこないね。何でかなあ。
  あ、また雲が出てきたよ。（●）
- 今度こそお月様かな？

● 困った表情で雲を出します。後ろに月を隠しておきます。

9

👦 じゃあ、今度こそ
お月様が出てくれるように、
もう1回歌いましょう！

♪でたでた月が
　まあるいまあるい
　まんまるい
　盆のような月が♪

みんなで歌います。

9月 パネルシアター

10

👦 さあ、お月様出るかな？
雲が動いていきますよ。（●）

🐰 あ、お月様だ！　やった〜！

👦 これでうさぎさんも
お月見ができますね。
よかったね！

●雲をゆっくり動かして、月を出します。

アレンジ　お誕生日会に

お誕生日会などでは、子どもたちの似顔絵などを不織布に貼り付け、月の代わりに出しても楽しいでしょう。

保育への展開

パネルシアターを見た後に、「お月様と同じ形の丸い食べ物は、ほかに何があるかな？」「お月さまと同じ形の丸いものは、保育室（園内）には何があるかな？」「丸い形のものはいくつあるかな？　数えてみよう！」など声をかけて、みんなで探してみましょう。丸以外の形（三角や四角）にも着目してみましょう。また、次の日に「きのうのお月さまは、どんな形だったかな？　なに色だったかな？」と声をかけて、絵を描いてみましょう。

かんたんマジック

とびまわるスズムシさん

音を使ったマジックです。からっぽの紙コップからスズムシの鳴き声が聞こえるのが、子どもたちには不思議でたまらないことでしょう。
右手の袖の鈴が関係のないところで鳴らないよう配慮して演じましょう。

用意するもの 紙コップ2つ、鈴2個、ひも、セロハンテープ

9月 かんたんマジック

基本のやり方

1 
「おや？ 原っぱにスズムシさんが遊びに来たよ」
2つの紙コップに草の絵を描き、紙コップの1つに鈴を入れ、紙コップを振って鳴らします。

2
「こっちにはスズムシさんいないね」
「うん」
もう片方の紙コップの中には、鈴が入っていないということを確認します。このときに鈴が鳴らないように気をつけましょう。

3
「でもね…スズムシさん ジャンプ！」
「え～!? 音が鳴ったよ??」

4 
「でももうスズムシさん、帰る時間みたい」
このときに紙コップを右手から左手に持ちかえます。

5 
「スズムシさん、また遊びに来てね！ バイバ～イ」
「え～音が鳴らなくなった！」
コップを左手で持ち、振りましょう。中を子どもたちに見せ、改めて鈴が入っていないことを確認します。

たねあかし

鈴にひもを通し、ひもの両端を右うでにセロハンテープで貼り付け袖で隠します。鳴らすときは右手で紙コップを持ち、鳴らさないときは左手で紙コップを持ちます。

アレンジ

コップをスズムシに

紙コップに目や羽、触角などを付けてスズムシに変身させましょう。
「このスズムシさんは鳴くかな？」などと、言葉をかけると楽しいですね。

バランスあそび
かかしゲーム

片足立ちにチャレンジします。バランスを保ち、長く立っていられるかな？
楽しみながら平衡感覚を身につけられる遊びです。

9月 いつでもどこでもあそび

遊び方

導入
かかしを知らない場合もあるので、かかしについて子どもたちに話しましょう。
絵に描いて見せてもいいですね。ゲームを行う前に「ちちんぷいぷい、かかしになあれ」と
魔法をかけてあげるなどすると、子どもたちも楽しくなります。

1 保育者の合図で、子どもたちはかかしに変身します。

> かかしさん スタート！

子どもは両手を水平に広げ、右足で立ちます。

2 子どもたちに負担がない程度で、終了の合図を出します。

> かかしさん、お疲れ様でした！

合図で足をおろし、両足で立ちます。

3 少したったら（10秒など決めます）、子どもたちにねぎらいの言葉をかけます。

> かかしさんのおかげで、稲が鳥に食べられずに守られました

ポイント
途中で足をついても、そこからまたスタートするよう声をかけ、子どもが片足立ちを十分楽しめるよう配慮します。

左右の足を交互に使い、バランスよくゲームを進めましょう。

アレンジ

かかし名人

途中で足を何回ついたかを数えるよう促します。
終了後、足のついた数をたずねます。

> 3回だった人は？

1回も足をつかなかった人は『かかし名人』になり、みんなで拍手をします。

かかしリレー

5人で1チームになり、ひとりずつ片足立ちになります。

足をついてしまったら、次の人がバトンタッチして片足立ちになります。

ひとり1回ずつ片足立ちをし、長くかかしでいられたチームが勝ちです。

10月 変身SHOW！
～だれでしょう？～

10分 ／ 7人～ ／ 2歳～

大好きな先生が大変身！ さて、どの先生かわかるかな？ 体格や全体の雰囲気から、どの先生か当てられるでしょうか？

STAFF THEATER 職員劇

用意するもの

手で持つお面
（プラカードのように棒を付けたもの）

- お姫様
- 王子様
- 魔女
- うさぎ
- パンダ
- ぶた

型紙 124 ページ
- それぞれの役に合わせた衣装（なくてもいい）
- にんじん、ほうきなどの小道具（なくてもいい）

遊び方

1

司会の先生　さてみなさん。今日はハロウィンの日です。どんな不思議なことが起こるでしょうか？ イッツ、ショウターイム！

（派手な衣装を着た司会役の先生が、会場の雰囲気を盛り上げます）

2

最初に登場するのは…あれれれ??
○○園に、こんなすてきなお姫様がいましたっけ??

（お姫様の衣装を着た先生が登場。顔をお面で隠してわからないようにします）

お姫様　ふふふ、ふふふふ！

これは一体だれなんでしょう？ みんなわかるかな？

子ども　○○先生！

さあ、どうかな？ 答えは後のお楽しみ！

（お姫様、端のほうへ寄る）

3

さて次は…
おやおや、王子様があらわれましたよ。

（王子の衣装を来た先生が登場）

王子様　えっへん。

さて、だれなのかな？

△△先生！

答えはやっぱり内緒です。

（王子、お姫様のところへ）

4

さて、お次は…なななんと！

（うさぎが跳びながら登場）

うさぎ　ぴょーんぴょん！

あらあら、うさぎさんがやって来ましたよ。
このうさぎさんはもしかして…。

しー！

（と指を立てながら、王子のところへ）

みんな、わかっても言っちゃだめよ。

10月　職員劇

5

（ぶた、しっぽを見せながら登場）

ぶた　ぶひぶひ〜、ぶひぶひ〜♪

うわ！　今度はぶたさんですか！

ぶひ〜！

（しっぽをおおげさに見せる）

えーと、かわいいしっぽですね。

（ぶた、ありがとう、というふうに
おじぎをしてうさぎのほうへ）

このぶたさんは何先生でしょうね。

6

（パンダ登場。司会の肩を、後ろから笹や手で叩く）

わっ！　びっくりした！　ええっ！　パンダ…!?

パンダ　ニイハオ！

ニイハオ！
パンダさんは中国の言葉で「こんにちは」って
あいさつしてくれました。

（パンダ、ぶたのほうへ）

いや〜、いろいろ集まりましたね！

7

🧑 おや～？　まだ向こうにだれかいますね～。
　　だれかなあ？

（司会が、みんなが来たほうを透かして見ているとき、
電気をつけたり消したりする。または舞台のところだけ消す）

🧑 うわ！

🧑 キャ～！　ざわざわ…

🧑 みんな、静かにして！
　　今度はだれが出てくるのかな？

8

（魔女登場）

🧙 ふふふふふ…わたしじゃ～～！

（魔女役の先生が登場したら電気をつけたままに戻す。
あるいは舞台の上の電気をつける）

🧙 先生たちに魔法をかけたのはわたしじゃ！
　　お前たちにも魔法をかけてやるぞ～～。

> **ポイント**
> 魔女役の先生は、こわくなりすぎないように
> セリフを言いましょう。

9

🧑 大変だ、みんな！
　　魔女の魔法をふせぐ呪文を唱えましょう！
　　いいですか。

　　「ジョマジョマ　ジョマジョマ　ケイチッア」
　　（※魔女魔女あっち行け、の逆さま）

　　さあ、言ってみましょう！
　　ジョマジョマ　ジョマジョマ　ケイチッア！
　　はい！

（子どもにマイクを向け、呪文を唱えるよう促す）

🧑 ジョマジョマ　ジョマジョマ　ケイチッア！

（司会は、呪文を何度かくり返すよう促す）

10

🧑‍🦰 みんな上手、上手！
　　もっともっと大きな声で！　さん、はい！

🧒 ジョマジョマ　ジョマジョマ　ケイチッア！

（変身した先生たちは舞台上でおびえている）

🧑‍🦰 さあ、みなさんもごいっしょに！

（司会が先生たちを促すと、大きな声で呪文を唱えながら、魔女のまわりを先生たちがぐるぐる回り始める）

10月　職員劇

11

🧙 これはたまらない！　たすけてくれ〜！

（魔女役の先生は、登場したほうへ顔を隠したまま退場する）

12

🧑‍🦰 やった〜！　魔女が逃げていったね！
　　あ、先生たちのお面が取れました！

（先生たち、お面をおろして顔を見せる。お面の下も役に合わせたメイクをしていると楽しい）

🧑‍🦰 みんなの思った先生だったかな？
　　魔女さんも出てきてくださーい。

（先生たちを改めて紹介し確かめる）

🧑‍🦰 魔女さんは何先生だったでしょうか？

🧒 ○○先生！

🧑‍🦰 そう。大当たりー。○○先生でしたー！

アレンジ　今度は何先生？

ほかの機会には、同じ衣装を使って違う先生が変身すると、雰囲気が変わって楽しいでしょう。また、作ったお面や衣装は、今回限りではなく、白雪姫やシンデレラなどのストーリーにも使えます。

保育への展開

ふだんのごっこ遊びの際に、布を巻き付けるなどして簡単な衣装に見立て、変身（変装）を楽しみましょう。発表会のための劇遊びにつながり、楽しみになるでしょう。

10月 おにぎりのなかみはなあに？

パネルシアター / PANEL THEATER

5分 / 1人 / 3歳～

秋の遠足や運動会などで、おにぎりを食べる機会が増える秋。ヒントの絵を見て、中身を当てっこしましょう。

作るもの 型紙126ページ

子ども　うさぎ　おにぎり　山　雲　お日様

おにぎりの中身のヒント
鮭→切り身　かつおぶし→けずりぶし　こんぶ→つくだ煮　たらこ　うめぼし　にんじん

遊び方

1

先生：今日はいい天気ですね！
天気がいいから、みんなでお山まで（●）
遠足に行きましょう！（●）
お山の上に着きました。空気がおいしいね。
みんなで深呼吸～。

- ● 話しながらお日様と雲、山を貼ります。
- ● 歩く動作をします（歌を歌ってもいいです）。

2

先生：いっぱい歩いたからおなかすいちゃった！
そろそろお弁当にしましょうか。
みんなのお弁当は何だろうね？（●）
けんちゃんのお弁当はなあに？

男の子：ぼくはおにぎりだよ！

先生：おいしそうなおにぎりだね。

男の子：いただきま～す！　パク！（●）
あ、おにぎりの中にいいものが入ってた！

先生：え？　何が入ってたのかな？

- ● お日様・雲・山を外して男の子を貼ります。
- ● おにぎりを口元に持っていって食べさせます。

3

👧 ねえねえ、けんちゃんの
おにぎりの中身はなあに？

👦 あのね、これだよ。（●）

👧 これ？ お魚だね。おにぎりの中に
入ってるお魚？ 何でしょう？
みんなわかった？
けんちゃんのおにぎりの中身はなあに？

👧 （子どもの答えを聞き）
そう、鮭のおにぎりだよ！
おいしいなぁ、むしゃむしゃむしゃ。

●ヒント（鮭）の絵を貼り、子どもに問いかけます。
わからなければ、裏面の切り身を見せます。

4

女の子
👧 わたしのお弁当もおにぎりよ！（●）

👧 わあ、ももちゃんのおにぎりも
おいしそうだね。

👧 いただきま〜す！ パク！
う〜ん、すっぱ〜い！（●）

👧 すっぱいんだって。さあ、中身は何かな？

●女の子とおにぎりを貼ります。
●すっぱい顔をしながら、うめぼしのヒントを貼ります。

5

👧 ほかのおにぎりには、
何が入っているのかなあ？
ヒントを見ながら考えてみましょうね。
みんなは何のおにぎりが好き？

いろいろな子どものおにぎりの中身を、子どもたちと
いっしょに考えます。ヒントは鮭のように複数あって
も、うめぼしのようにひとつだけでもいいでしょう。

アレンジ

動物にして

「うさぎさんのお弁当はなあに？」「にんじん！」のように、動物を登場させても楽しいですね。

お誕生日会に

お誕生日会では、おにぎりのうらに「お」「め」「で」「と」「う」などの文字を貼っておき、最後にうら返して文字を出してもいいでしょう。

保育への展開

パネルシアターの後、砂場で砂のおにぎり作りをしてみましょう。上手ににぎれるでしょうか？

「食欲の秋」や遠足についての事前説明の際にもぴったりの内容です。遠足の説明などで行うときは、園の行事内容に合わせてアレンジしてください。

10月 パネルシアター

かんたんマジック

3つ子かぼちゃのハロウィン

10月 かんたんマジック

ハロウィンにちなんだ、かぼちゃおばけのマジックです。
いたずらっ子な3人をバラバラにできるでしょうか？
新聞紙はちぎりやすい大きさに調節して使いましょう。

用意するもの 新聞紙

基本のやり方

1 「いたずらっ子な3つ子のかぼちゃがいます」
新聞紙にかぼちゃを描き、切り込みを入れておきます。切り込みはギリギリまで左右均等に入れておきます。

2 「いたずらばかりするから3人バラバラにしちゃえ！」「え〜!?」
3枚いっぺんにバラバラにするよう子どもたちに伝えます。

3 「じゃあだれかやってみてね」「ハ〜イ やりた〜い」
子どもたちのだれかにバラバラにちぎってみるよう促します。

4 「あれ〜？1人と2人になっちゃった」
子どもは左右にひっぱってやぶこうとするので、力が伝わらず必ず1枚と2枚になってしまいます。
失敗してしまった子のフォローを忘れずに行ってください。

5 「トリックオアトリート いたずらっ子さんにはおしおきよ！」「すご〜い」
別に用意しておいた新聞紙で保育者がやってみせると、3つに分かれます。

たねあかし

一瞬にして3枚バラバラにするには、両端を持って頭より高く掲げ、新聞紙の上の紙のふちが逆Uの字になるように勢いをつけて振り下ろします。

アレンジ みんなでやってみよう！

子どもたちにたねあかしをして、みんなでかぼちゃおばけを作り、3枚バラバラやぶりに挑戦しても楽しいですね。

手あそび
とうさんゆびどこです

5本の指を家族に見立てた、楽しい手遊びです。
あいさつの言葉がたくさん入っているのもすてきですね。

導入
「指は全部で何本あるかな？ そう10本ですね。
10月にぴったり！ 10本の指を使って遊びましょう」
など、季節とからめた言葉かけをしてみるのもいいですね。

10月 いつでもどこでもあそび

とうさんゆびどこです

作詞／不詳
フランス民謡

♪ とうさんゆび どこです ここよ ここよ
ごきげんいかが ありがとげんき ではまた さようなら

遊び方 1番

1 ♪とうさんゆび どこです
両手を後ろに隠して歌います。

2 ♪ここよ ここよ
（右手から順に出しましょう）
親指を立て、正面に1本ずつ出します。

3 ♪ごきげん いかが ありがと げんき
親指同士を1回ずつおじぎさせます。
（ひとりずつ歌に合わせて受け答えをしているように）

4 ♪では また さようなら
親指を振りながら、ゆっくり体の後ろに隠します。

- **2番** かあさんゆび
- **3番** にいさんゆび
- **4番** ねえさんゆび
- **5番** 赤ちゃんゆび

で歌いましょう。

ポイント
3〜4はその指になりきり、声色を変えて演じてみましょう。
5番は「アブブブブ」と言うと、赤ちゃんらしくてかわいいですね。

11月 うさぎとかめ

10分 / 1人 / 3歳～

子どもたちもよく知っている、うさぎとかめのお話です。
元気いっぱい、大きな身振りで演じましょう。

PAPER PUPPET ペープサート

作るもの　型紙131ページ

- うさぎ（おもて／うら）
- かめ（おもて／うら）
- かめの応援団
- 草むら
- 山　作り方は133ページ
- 舞台　※舞台図は133ページを参照

遊び方

1

先生：運動会のかけっこ、みんな上手だったね。今日は、うさぎとかめがかけっこをしたお話をします。
うさぎのピョン太とかめのノッコが向こうのお山までかけっこすることになったんです。

うさぎ：ぼくが勝つに決まってるさ！

かめ：うーん、ぼくだってがんばるもん！

山を置き、草むらを粘土にさして、うさぎとかめを出します。

2

いもうと：この話を聞いた、ノッコのお父さんとお母さんと妹はびっくり！
お兄ちゃん、ピョン太くんに勝てるかなあ。

お母さん：ピョン太くんって、とっても足が速いのよねえ。

お父さん：そうだ、みんなで応援しよう！
一生懸命がんばれば、勝てるかもしれないよ。

うさぎとかめを粘土にさし、かめの応援団を見せます。

3

わたしたちだけじゃなくて、○○園の
みんなにも応援してもらいましょう。
みなさ〜ん、応援お願いしまーす！

子ども
はーい！

じゃあ、ノッコを応援する歌を歌うから、
みんなもいっしょに歌ってね。

4
♪（ノッコの歌）

ゆっくりでも　すすめ
まえみて　すすめ
　　　　ノッコ　ノッコ　ノッコ　ノッコ
　　　　　がんばれ　がんばれ ♩

「がんばれ…」のところは手拍子をとって
子どももいっしょに歌います。

※楽譜は 65 ページにあります。

5

さあ、いよいよかけっこの始まりです。
位置について、よーい、どん！
と号令がなったら、ピョン太は
あっという間にかけ出しました。

11月 ペープサート

応援団を粘土にさして立て、うさぎとかめを持って、
走り出すポーズをします。

6

ピョン　ピョン　ピョン
ピョピョンのピョン！
どうだい、速いだろ！

ピョン太は、もう山のふもとに
着いてしまいました。

かめを粘土にさし、うさぎを持って
ピョンピョンはねます。

7

ピョン太が後ろを見ると、おやおや、ノッコはまだスタートのあたりをノッコ、ノッコ……。

あはは、ノッコはまだあんなところだ。山のてっぺんに着くころには日が暮れちゃうよね～。

後ろを振り向いて、かめのほうを見ます。

8

ああくたびれた。
この草むらで、
ちょっとひと眠りしようっと。
ノッコのスピードだったら、
少しくらい寝ても大丈夫さ。
ふあ～あ～あ～…グーグー…。

うさぎをうら面にして粘土にさし、草むらの側に置きます。

9

わあ、大変だ！　○○園（○○組）のみなさ～ん、いっしょにノッコを応援してくださ～い！

♪（ノッコの歌）
ゆっくりでも　すすめ
まえみて　すすめ

ノッコ　ノッコ
ノッコ　ノッコ

がんばれ　がんばれ♪

応援団を持ち、元気に歌います。
手を握って振るなどしてもいいでしょう。

10

みんなの応援で元気が出たぞ！
ノッコ　ノッコ　ノッコ　ノッコ
あれ、ピョン太くんたら昼寝なんかしてる。
そーっと、そーっと…。

さあみなさん、ピョン太くんが起きないように、そーっと応援してね。

♪（ノッコの歌）
ゆっくりでも　すすめ
まえみて　すすめ

ノッコ　ノッコ
ノッコ　ノッコ
がんばれ　がんばれ♪

しー

かめを持って、そーっとうさぎの横を通り過ぎます。
歌は、小さい声で歌いましょう。

11
ノッコはゆっくりゆっくり、でも休まずに山を登り、とうとうてっぺんに着きました。そして…

おーい、ピョン太くーん！ ぼく、山の上に着いたよー！

12
しまった！ 昼寝していたら負けちゃった！ ノッコ〜、待って〜！

応援していたノッコの家族は大喜び。ピョン太は山のてっぺんで、「足の速いのを自慢してごめんなさい」って言ったんですって。

11月 ペープサート

うさぎを持っておもて面にし、びっくりした様子をします。それからうさぎを山に登らせます。

かめをうら面にして山のてっぺんにさし、うさぎに向かって呼びかけます。

保育への展開
よく知られた簡単なお話なので、年齢によっては子どもたちが演じることもできます。ふだんの保育の遊びに取り入れてもいいでしょう。5歳児クラスでは、絵本や紙芝居を作ってみてもいいですね。外あそびのときに、うさぎチームとかめチームに分かれて競走するのも楽しいでしょう。

アレンジ
ほかの動物だったら？

ほかの動物だったら、どうなるでしょう？ ゾウとネズミ、アリとテントウムシなど、いろいろ考えると楽しいですね。どっちがどうやって勝つのか、子どもと話し合って決めてもいいでしょう。

ノッコの歌 作詞・作曲／阿部直美

ゆっくりでも すすめ まえみて すすめ
ノッコ ノッコ ノッコ ノッコ がんばれ がんばれ

かんたんマジック

ぶらさがりみのむし

11月 かんたんマジック

静電気を利用したマジックです。
荷造りテープがみのむしに変身する過程も楽しめますね。

用意するもの 荷造りテープ、画用紙、下敷き（クリアファイルでも代用可）

基本のやり方

1 「じゃじゃ～ん！これは何でしょう？」 「なに～？」
荷造りテープをさいて束ねたものを子どもたちに見せます。

2 「これがこの子のおうちで～す」 「だれのおうちなの？」
荷造りテープを下敷きの上に乗せます。

3 「ぼくの名前はみのむしぼうや！」 「お～」
みのむしの顔を荷造りテープに貼り付けます。

4 「ぼくの得意技は逆さまにぶら下がること！」 「え～？見せて～」

5 「まずは準備体操をするよ」 イッチニッ サンシッ コシコシ

たねあかし
顔が取れないよう気をつけながら下敷きに荷造りテープをこすりつけます。下敷きは静電気を起こしやすくするため、ナイロン素材のものであらかじめこすっておきましょう。

6 「さあ、どうなるかな？それっ！どんなもんだい！」 「すご～い！」
そのまま手を離して下敷きを逆さまにします。

リズムあそび
まねっこパンパン

2音の言葉集めをしてみましょう。たくさんあるので、いくつも見つける喜びを味わえるはずです。

11月 いつでもどこでもあそび

遊び方

導入　まず、パンパンに合う2音の言葉を探してみましょう。

とり／りす／はな／みみ／かさ

2音の言葉を、言いながら手をたたき確認します。

ゲームスタート
リレーのようにつないでみましょう。

1　「手拍子の準備はいいですか〜？」「は〜い!!」

2　「まねっこ　パン　パン」

最初のパンパンは全員でたたくよう声をかけましょう。

「とり　とり」パン　パン

保育者の言葉を復唱し、手をたたきます。慣れるまでくり返し練習しましょう。

慣れてきたら
1人ずつ順番に言ってリレーをしよう!

くま　ポンポン　ひとりが言葉を言い、ほかの子どもはひざを打ちます。

くま　パンパン　ほかの子どもが「パンパン」と手を打ちながら、言葉をくり返します。

まど　ポンポン　別のひとりが言葉を言い、ほかの子どもはひざを打ちます。

まど　パンパン　ほかのこどもが「パンパン」と手を打ちながら、言葉をくり返します。

アレンジ　ジャンルを限定

食べ物シリーズ　パン、イカ、すし、にく、ガムなど

動物シリーズ　イヌ、ネコ、とり、ブタ、サルなど

12月 ロープが大変身！

ロープシアター

1本のロープが、いろいろなものに変身します。
ダイナミックに動くのがポイントです。
見立て遊びができるようになってくる、
3歳以上におススメです。

- 10分
- 3人
- 3歳〜

用意するもの
太めのロープ1本
（4メートルくらい）

遊び方

1

先生：みなさ〜ん、これは何でしょう？
子ども：ひも？　なわとび？（など）
先生：ひもはひもでも、不思議なひもです。
先生たちは、
これからハイキングに行きます。
よーく見ててね！

3人でロープを持って立ちます。

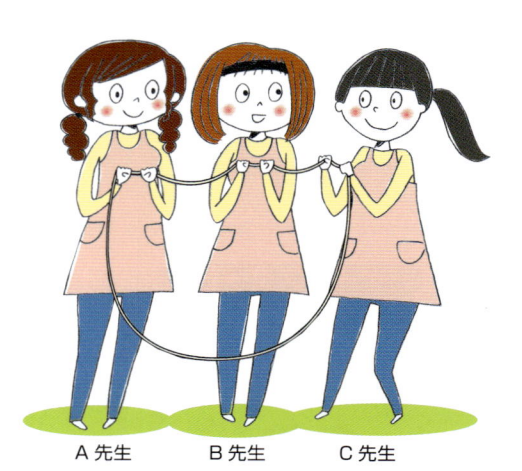

A先生　B先生　C先生

2

まっすぐな道を歩いていくと……、

A先生とC先生が坂道のような三角形を作り、
B先生が間を歩きます。

3

お山がありました。

歩いていたB先生が、真ん中を持って上にあげます。

4

あっちの山がいいかな〜。

3 の★印のあたりを A 先生と B 先生が引っぱって三角形を作り矢印にします。

5

こっちの山にしようかな〜。

C 先生が外側から回りこんで、反対向きの矢印を作ります。三角形の向きを変えるのを忘れずに。

12月 ロープシアター

6

悩んでいたら、雨が降ってきました。わ〜、傘をささないと濡れちゃうよ〜。

矢印の向きを90度変えて、傘に見立てます。

7

…と思ったら、なーんだ、もうやんじゃった。傘をたたみまーす。

傘を広げていた手を離し、自然にすぼめます。落ちてきたひもは、C 先生が持ちます。

8

何時かな？ 時計を見てみよう。
わあ、もう3時だ、おやつの時間だ！

B先生　　A先生　　C先生

ひもの開き方

B先生が手をはなすと❶の形になります。

A先生がねじりながら片方の端をB先生に渡します。▲の部分はA先生が持ちます。

B先生がひもの真ん中を持って3時の形を作り、3人でおなかがすいたジェスチャーをします。

9

今日のおやつはな～にかな？
えっ？ お魚？

魚の形を作ります。

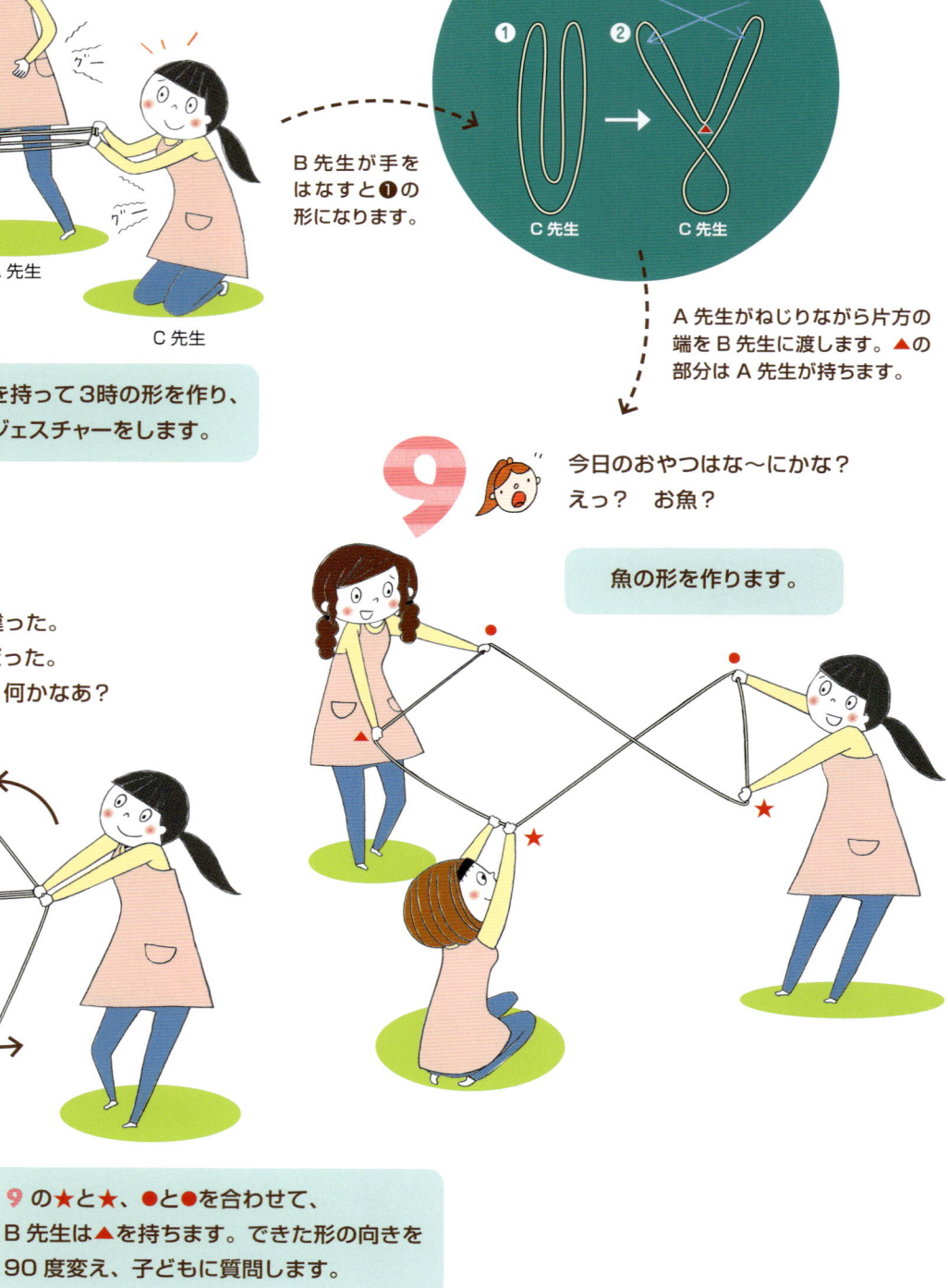

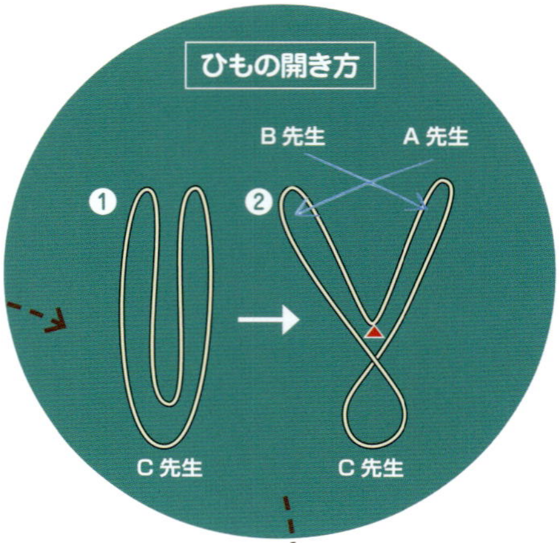

10

あ、違った。
こうだった。
これ、何かなあ？

❾の★と★、●と●を合わせて、B先生は▲を持ちます。できた形の向きを90度変え、子どもに質問します。

11

🧒 冷たくって、甘くって、
こんなふうに先がねじれているよ。

🧒 ソフトクリーム!

🧒 当たり!

上部のひもをねじります。

12

🧒 あ、とけちゃう! 早く食べないと!
ぺろぺろぺろぺろ〜。

3人で食べるまねをして、ロープの形を崩します。

13

🧒 あ〜おいしかった!
おしまい!
みんな、またね〜。

もとの1本のロープに戻し、3人で持って退場します。

12月 ロープシアター

アレンジ クイズ形式に

次の形を作る前に、「何ができるかな?」と質問し、クイズ形式にすると楽しいでしょう。できた形にちなんだ歌(「アイスクリームのうた」など)を歌ってもいいですね。

保育への展開

あやとりのひもを使って、同じように形を作ってみましょう。お絵かきのときに、一筆がきで家や花を描いてもいいですね。大判の布を折り紙のように折りたたんでも、いろいろな形を作ることができます。

12月 ゆきだるまをつくりましょう

手袋の人形劇 PETIT PUPPET

5分 / 1〜3人 / 2歳〜

手袋から人形を作って、その人形が雪だるまを作ります。雪玉がどんどん大きくなって……。

作るもの （型紙134ページ）

- 雪玉（小〜特大まで、4段階くらい）
- 手袋人形
- 雪だるま

手袋人形の作り方
両手分の手袋で、人形1体分になります。

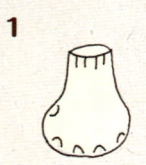

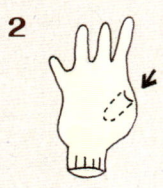

1. 片方の手袋をうら返す。
2. もう片方の親指を内側に押し込む。
3. 中指と薬指でうら返した手袋をしばる。
4. うら返した手袋の手首の部分を折り返し、帽子にする。

遊び方

1
- 先生：みなさん、これは何でしょう？
- 子ども：手袋〜。
- 先生：そうですね。今日はこの手袋が大変身しちゃいますよ。よーく見ててね。

子どもに手袋を見せ、集中するよう声をかけます。

2
- 先生：はい、できました！この子は雪ん子ちゃんと言います。
- 雪ん子：こんにちは。
- 子ども：こんにちは！
- 雪ん子：今日は雪だるまを作るんだ。ぼく一生懸命作るから、みんな応援してね！

3

- よいしょ、よいしょ。
- 歌でも歌おうかな。♪ゆ～きやこんこ…♪
- みんなもいっしょに歌ってね。
- ふう、ふう、あー、もう動かないや。
- だれか手伝って～～

歌いながら、雪玉をだんだん大きくしていきます。大きくなるにつれて、雪ん子の歌が遅くなり、途切れてきます。

12月 手袋の人形劇

4

- 🔴 いいよ～、いっしょに作ってあげる！よいしょ、よいしょ……
- 🟢 さあ、できたぞ、せーの！

応援の雪ん子が登場して、いっしょに転がします。

5

- 🔴 じゃーん！　できあがり～～！みんな拍手～～（パチパチ）。
- 🟢 みんなも、雪が積もったら雪だるま作ってみてね！
- 🔴🟢 ばいば～い。（ひっこむ）

アレンジ

セリフを増やして

最後の雪だるまを出す前に、右のようなセリフを入れると楽しくなります。

- 🟢 雪玉をふたつ重ねて……（雪玉と間違えて、ほかの雪ん子の頭を持っていこうとします）
- 🔴 ちょ、ちょっと、それぼくの頭なんだけど！
- 🟢 あれ？　どおりでちっちゃいと思った。
- 🔴 もう！
- 🟢 ごめんごめん、よいしょ、よいしょ。

保育への展開

2体の手袋人形を使って、「森のくまさん」や「大きな歌」など、追いかけっこの歌に合わせて動かしても楽しいですね。

かんたんマジック

選んだプレゼントはこれだ！

12月 かんたんマジック

カードの形を少し変形させてできる、簡単なカードマジックです。
カードをきるときやカードを当てるときの動作を大きくすると
子どもたちもよりマジックの世界にひきこまれます。

用意するもの 色画用紙、プレゼントを描いた絵

基本のやり方

1 「サンタさんからどんなプレゼントがもらえるか占いましょう！」

子どもたちに3枚のプレゼントカードをうら面にして見せます。
（カードは男の子用、女の子用に何種類か作っておき、その中から3枚選びます）

2 「好きなカードを1枚引いてね」 「わ～い」

うら面のまま、子どもにカードを1枚引くように促します。このとき、保育者は子どもがカードを引いているのを見ないようにします。

3 「ロボット…」

保育者にだけカードが見えないようにし、カードを覚えてもらいます。
カードは3枚の中に戻すように促します。

4 「では今から何のプレゼントをもらったか当てます！」 「見ていないのに!?」

3枚のカードをきります。

5 「あなたのプレゼントはロボットですね!!」 「当たり！」 「何でわかったの？」

たねあかし

カードをわからない程度に台形に切っておきます。
カードを戻すとき上下を逆さまにしておくと、
カードを揃えたときにはみだすのでわかります。

「コレ！」

アレンジ 選んだ○○はこれだ！

カードを動物にしたり食べ物にしたり、
そのときの季節や行事に合った絵にしても盛り上がります。

集団遊び
サンタはだれでしょう？

「かごめ かごめ」の要領で、後ろに立った子がだれかを声で当てるゲームです。みんなで輪になり、ふれ合って遊ぶので、仲間意識が高まります。

導入 クリスマスの話をし、活動への期待を高めます。
「だれがサンタさんになるのかな〜」と言葉をかけると、子どもの期待感も増すでしょう。

遊び方

1 子ども役を1人決め、ほかの子どもたちは天使役になり、手をつないで子ども役を囲んで輪になります。子ども役はしゃがんで目を閉じ、寝たふりをします。

2 天使役たちは「きよしこの夜」を歌いながら子ども役のまわりを時計回りに回ります。ほかの歌にしてもいいでしょう。

3 「ゆめやすく」の歌詞のところで、天使役はその場に座ります。

4 子ども役の真後ろに座った天使役は立って袋をかつぐまねをし、サンタ役に変身します。

5 子ども役がサンタ役に問いかけ、サンタ役は自分のほしいプレゼントを答えます。

6 天使役たちは子ども役に問いかけをします。

7 当たったら、サンタ役が次の子ども役になります。

ポイント

〈当たらなかった場合〉
サンタ役は子ども役の前に立ち、「メリークリスマス！」と言います。子ども役は目を閉じたままサンタ役の声を手がかりに当てます。顔や頭にそっとさわって当ててもいいですが、目や口に指が入らないよう安全面の配慮をしましょう。

いろいろな方法で、必ず子ども役がサンタ役を当てられるようにサポートします。

1月 十二支のおはなし

テーブルシアター
TABLE THEATER

10分 / 1〜2人 / 3歳〜

「ねずみ年」「うし年」など、どうして動物の名前が付いているのでしょう。十二支のはじまりのお話を、楽しく話してあげましょう。

作るもの　型紙 134ページ

ねこ／うら　うら側に折り込んでホチキスでとめます。

ねずみ／うら　うし　とら　うさぎ　たつ　へび
うま　ひつじ　さる　にわとり　いぬ　いのしし　神様

※ねことねずみだけ両面に絵を描きます。

演じ方

1

先生：みなさん、今年は「なに年」か知っていますか？

子ども：わかんなーい。

先生：年賀状に何か動物の絵が描いてなかったかな？
今年は「たつ年」です。
「たつ」っていうのは「龍」のことです。
去年は「うさぎ年」で、来年は「へび年」です。
毎年、動物の名前が付いているんですよ。
今日は、どうして毎年いろいろな動物の名前が付いているのか、そのお話をします。

その年の十二支の動物の絵を見せながら、話を始めます。

2

むかしむかし、神様が動物たちみんなに言いました。
「1月1日の朝、わしのところにおいで。早く着いた順番に、12匹の動物の名前を毎年の名前にすることにする」

神様と猫とねずみを出し、神様を持って話しているように動かします。

3

ナレーター：ところが、猫はいつ神様のところにいくのか忘れてしまったので、ねずみに聞きました。

猫：ねえ、いつまでに神様のところへいくんだっけ？

ねずみ：1月2日の朝だよ。

猫：わかった、ありがとう。

ナレーター：ねずみに嘘を教えられた猫は、家に帰って寝てしまいました。

ねずみ：しめしめ、うまくいったぞ。ぼく、どうしても一番になりたいんだ。

猫とねずみを動かして会話させ、猫だけ下げます。

4

ナレーター：そのころ牛は……。

牛：ぼくはほかのみんなよりも歩くのが遅いから、早めに出かけよう。朝までに神様のところに着くようにするには、夜のうちに出かけないとね。

牛を出し、ゆっくり進めます。

5

ナレーター：それをねずみが見つけました。

ねずみ：あ、牛さん、もう出発するんだ。一番になるつもりだな。よーし、背中に乗っちゃえ！

ナレーター：おやおや、ねずみが牛の背中に乗ってしまいました。でも牛はそんなことも知らないで、ゆっくり歩いていきます。

ねずみを出して、牛の背中に乗せます。

6

ナレーター：牛はゆっくりゆっくり歩いていきます。ちょうど朝になったとき、神様のところに着きました。

神様：おお、もうだれかやってきたぞ。一番早いのはだれかな？

ナレーター：そのとき、牛の背中からねずみがぴょんと飛びおりて、牛の前に出ました。

ねずみ：神様、あけましておめでとうございます！

神様：おお、ねずみが一番だったか。おめでとう。一番最初は、ねずみ年じゃ。

牛：おや、ねずみさん。ずいぶん早く着いたんですね。

神様：そして、牛が2番目じゃな。

牛：ありがとうございます。

神様を出し、牛の背中からねずみをおろします。ねずみと牛は神様の奥に置きます。

1月 テーブルシアター

77

7

<small>　</small> そこへ、虎とうさぎと龍が、一生懸命走ってきました。
<small>とら</small> 神様、あけましておめでとうございます！
<small>　</small> おお、虎が3番目じゃな。
<small>うさぎ</small> 次はわたしです！
<small>りゅう</small> ああ、うさぎさんのほうがちょっと早かった！
<small>　</small> うさぎが4番目、龍が5番目じゃ。

虎、うさぎ、龍の順に神様の前に並べ、あいさつさせます。牛の隣に早い順番に並べます。

8

<small>　</small> 蛇と馬と羊もやってきました。
<small>へび・うま・ひつじ</small> あけましておめでとうございます！
<small>　</small> 蛇が6番目じゃ、がんばったのう。馬が7番目、羊が8番目じゃ。
<small>へび・うま・ひつじ</small> ありがとうございます。

蛇、馬、羊の順に神様の前に並べ、龍の隣に早い順に並べます。

9

<small>　</small> 猿もやってきました。
<small>さる</small> きゃっきゃっ、次はぼくですよ。
<small>　</small> 猿は9番目じゃな。
<small>にわとり</small> コケコッコ〜、早起きして走ってきました。
<small>　</small> 鶏が10番目じゃ。

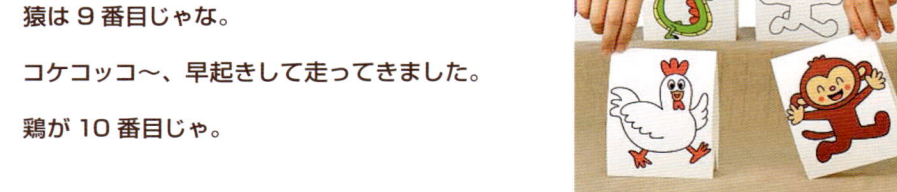

猿と鶏を出し、羊の隣に並べます。

10

<small>いぬ</small> わんわん！ ぼくも来ていますよ！
<small>　</small> おお、犬が着いたか。おまえは11番目じゃよ。
<small>いのしし</small> ふうふう、間に合いましたか？
<small>　</small> よしよし、猪が着いたのか。これで12匹じゃな。ねずみから順番に毎年みんなの年にしてやるぞ。
<small>みんな</small> 神様ありがとうございます。
<small>　</small> こうして12匹の動物たちは、大喜びで帰っていきました。

犬と猪を順番に出して並べ、神様にお礼を言った後、神様を残してすべて下げます。

郵便はがき

169-8734

料金受取人払郵便

新宿北局承認

334

差出有効期間
平成31年11月
30日まで

切手を貼らずにこのままポストへお入れください。

（受取人）
東京都新宿北郵便局
郵便私書箱第2007号
（東京都渋谷区代々木1-11-1）

U-CAN 学び出版部

愛読者係　行

||,|||,|,|||,|,|,|,||,|,|,|,|,|,|,|,|,|,|,|,|,|,|,|,||,|,||,||

愛読者カード

U-CANのいろいろ出し物12か月

　ご購読ありがとうございます。読者の皆さまのご意見、ご要望等を今後の企画・編集の参考にしたいと考えております。お手数ですが、下記の質問にお答えいただきますようお願いします。

1．本書を何でお知りになりましたか？
　　a.書店で　　b.インターネットで　　c.知人・友人から
　　d.新聞広告（新聞名：　　　　　）　　e.雑誌広告（雑誌名：　　　　　）
　　f.書店内ポスターで　　g.その他（　　　　　）

2．多くの類書の中から本書を購入された理由は何ですか？
　（　　　　　　　　　　　　　　　　　　　　　　　　　　）

うら面へ続きます

3. 本書の内容について
   ① わかりやすさ　　　（a.良い　　　　　b.ふつう　　　c.悪い）
   ② 誌面の見やすさ　　（a.良い　　　　　b.ふつう　　　c.悪い）
   ③ 情報量　　　　　　（a.ちょうど良い　b.多い　　　　c.少ない）
   ④ 価格　　　　　　　（a.安い　　　　　b.ふつう　　　c.高い）
   ⑤ 役立ち度　　　　　（a.高い　　　　　b.ふつう　　　c.低い）
   ⑥ 本書の内容で良かった点・悪かった点等お気づきの点をご自由にお書きください
   （　　　　　　　　　　　　　　　　　　　　　　　　　　　　　　　　　　　）

4. 保育業務について
   ① 現在勤務されている施設は？
   （a.保育園　b.幼稚園　c.認定こども園　d.その他（　　　　　　　　　））
   ② 日常の業務でお困りのことがありましたら、ご自由にお書きください
   （　　　　　　　　　　　　　　　　　　　　　　　　　　　　　　　　　　　）
   ③ 本書に掲載してほしい事項や、保育の分野でこんな書籍があればいいなど、ご自由にお書きください
   （　　　　　　　　　　　　　　　　　　　　　　　　　　　　　　　　　　　）

5. 通信講座の案内資料を無料でお送りします。ご希望の講座の欄に○印をおつけください（お好きな講座［2つまで］をお選びください）。

   | 実用ボールペン字講座 | W4 | 手話入門講座 | NV |
   | 生活心理学講座 | NS | 漢字検定講座 | NO |

住所	〒□□□-□□□□　都道府県　　市郡（区）
	アパート、マンション等、名称、部屋番号もお書きください　（　　　様方）
氏名	フリガナ　　電話 市外局番（　）市内局番　番号
	年齢　　歳　1(男)・2(女)

   Q9QQRŌ＊＊Q1

   ご回答いただくアンケートの内容は、住所・氏名等個人情報とは切り離して統計的に処理し、今後の企画の参考にさせていただきます。また、資料請求に際して、ご記入いただく情報は、ユーキャンからの各種ご案内、連絡、お知らせにのみ利用いたします。いかなる第三者にも個人情報を提供することはございません。詳しくはホームページでご確認ください。

11

さて次の日、1月2日の朝のことです。
猫は、ねずみにだまされたとも知らず、
神様のところへいきました。

あけましておめでとうございます。

おお、猫か、何の用じゃ？

神様、ぼくが一番早いから、
最初はぼくの年ですね。

何を言っとるんじゃ。そりゃ昨日の話じゃよ。
わしは1月1日に来るように言ったんじゃ。

ええっ！ 1月1日？ ねずみのやつにだまされた！
うーん、くやしい〜〜〜！

猫はカンカンに怒って帰っていきました。

猫を出し、神様と会話します。途中で猫をうら返して、怒った姿にします。

1月 テーブルシアター

12

帰る途中で猫はねずみを見つけました。

あっ！ ねずみだ！ うそつきめ！

わ〜、ごめんなさ〜い！

いいや、絶対にゆるさない！

ひゃ〜〜〜！ 助けて〜〜！

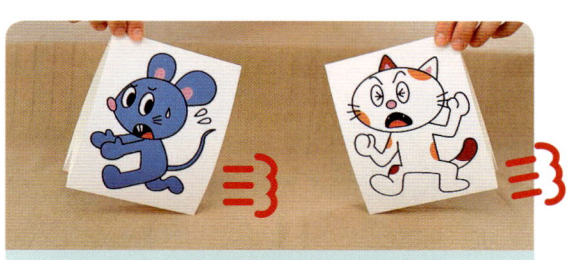

ねずみを出し、猫を見てうら返します。猫がねずみを追いかけるようにして2匹を下げます。

13

猫はねずみのせいで年の名前に入れなかったので、
いつでも、ねずみを見ると
追いかけるようになったんですって。
こうして、12匹の動物の名前が付きました。
ね、うし、とら、う、たつ、み、うま、ひつじ、さる、
とり、いぬ、ゐ。
今年は「たつ年」です。

十二支の順番に合わせ、12の動物を出します。「たつ」を持って、もう一度今年の動物を確認します。

アレンジ ペープサートやほかのストーリーに

ペープサートでも楽しめます。
ここに登場する動物たちを組み合わせて、
いろいろなストーリーを作っても楽しいでしょう。
子どもといっしょに考えてもいいですね。

保育への展開

その年の動物を絵に描いてみたり、動物の動きを体で表現したりしてみましょう。子どもたちや保育者の十二支の動物についても話してみるといいですね。その動物について、図鑑や絵本などを見てみると、興味が広がります。

かんたんマジック

変身ゆきだるま

ペットボトルのふたを利用した、冬にぴったりのマジックです。
一瞬で色が変わっていくので、
視覚的にも斬新で子どもたちも大喜びするでしょう。

用意するもの くびれのあるペットボトル（500ml）、絵の具

基本のやり方

1　「これはだ～れだ？」「雪だるまさ～ん」
油性ペンで雪だるまの絵を描いたくびれのあるペットボトルに、白い絵の具を溶かした水を入れたものを子どもたちに見せます。

2　「でもこれ、ただの雪だるまさんではありません！」
雪だるまを左右にそっと回転させ、たねもしかけもないことを伝えます。

3　「魔法をかけると色が変身します」「え～！？」

4　「こんこん雪ふれ大変身！！」
呪文を唱えながらゆっくりペットボトルを上下に振ります。

5　「なんと！ 雪だるまさんがピンクに大変身！！」「白だったのに～！」

たねあかし

ペットボトルのフタの裏に、少量の赤や青などの絵の具をしのばせておきます。

ペットボトルを振ることで水と絵の具が混ざり合い、色が変わったように見えます。

アレンジ　フルーツジュースに大変身！

赤　黄　緑　橙

水を入れたペットボトルにフルーツの絵を描いておき、そのジュースに変身させるというマジックです。
これなら季節問わず行えますね。

手遊び お正月のもちつき

お正月のもちつきを、手遊びで楽しみましょう。リズムよくおもちがつけるかな？
つき手の手をたたいてしまっても、それもまた面白さのひとつです。
楽しみながら、リズム感を身につけることができる遊びです。

遊び方

導入　「おもち食べた人〜？」「もちつきしたことある？」など、おもちに関することを子どもたちに問いかけます。こね手とつき手の説明もするといいでしょう。

おもちつき　わらべうた

（楽譜）
ねんにいちどの もちつきじゃ おしょうがつの もちつきじゃ ペッタンコ ペッタンコ ペッタンペッタン ペッタンコ
ハァこねて ハァこねて ハァこねハァこね ハァこねて トーントーン トントントン トントントントン

ポイント
手は大きく広げるとやりやすくなります。
出し物にする場合には、子どもにつき手をさせ、保育者が歌いながらこね手をするとよいでしょう。

準備
2人1組に分かれて向き合い、つき手とこね手に分かれます。

こね手　つき手

1 ♪ねんに いちどの もちつき じゃ〜 おしょう がつの もちつき じゃ〜♪

●は自分の手をたたくところです。上の手をおろして、下の手をたたきましょう。

2 ♪ぺったんこ♪

ぺっ → たん → こ
それぞれ自分の手をたたく　こね手はつき手の下の手をさわる　それぞれ自分の手をたたく

つき手になった子には、下の手を動かさずに大きく手拍子をすると上手に掛け合いができることを伝えましょう。
※つき手はすべて同じ動きです。

3 ♪ハァ こねて♪

ハァ → こね → て
それぞれ自分の手をたたく　こね手はつき手の広げた手の間を横からくぐらせる　それぞれ自分の手をたたく

4
トーン トーン トン トン トン
上　　上　　上　中　下
トン トン トン トン トン
下　中　上　中　下

こね手はつき手の手にぶつからないように、上中下の位置で両手をたたきます。

1月 いつでもどこでもあそび

2月 この影な〜んだ?

影絵シアター SHADOW THEATER

10分 / 2人 / 3歳〜

身のまわりのものをいろいろな角度から見ると思いがけない形になることがあります。影を見て、それが何か当てられるでしょうか?

用意するもの
- カップ
- バケツ
- 木琴

作るもの（型紙139ページ）
鬼のお面
目と口は切り抜いて穴を開けます。

遊び方

1 先生：さあ、これから影遊びをしましょう。ここにいろいろな影が映りますから、それを見て何か当ててください。何が映るか楽しみですね。はじまり、はじまり〜!

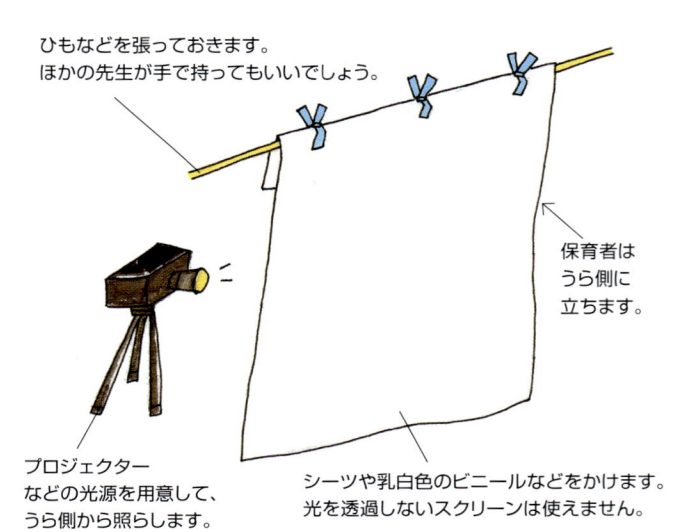

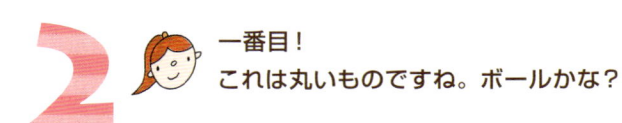

- ひもなどを張っておきます。ほかの先生が手で持ってもいいでしょう。
- プロジェクターなどの光源を用意して、うら側から照らします。
- 保育者はうら側に立ちます。
- シーツや乳白色のビニールなどをかけます。光を透過しないスクリーンは使えません。

2 一番目! これは丸いものですね。ボールかな?

なんだろ なんだろ このかげなーに?

カップの持ち手を握り、円の形に見えるように出します。

3

あれ、丸から四角に変わりましたね。
小さな箱でしょうか？

なんだろ なんだろ このかげなーに？

手のひらにのせ、四角に見えるように映します。

4

さあ何かな？
そう、カップでした！

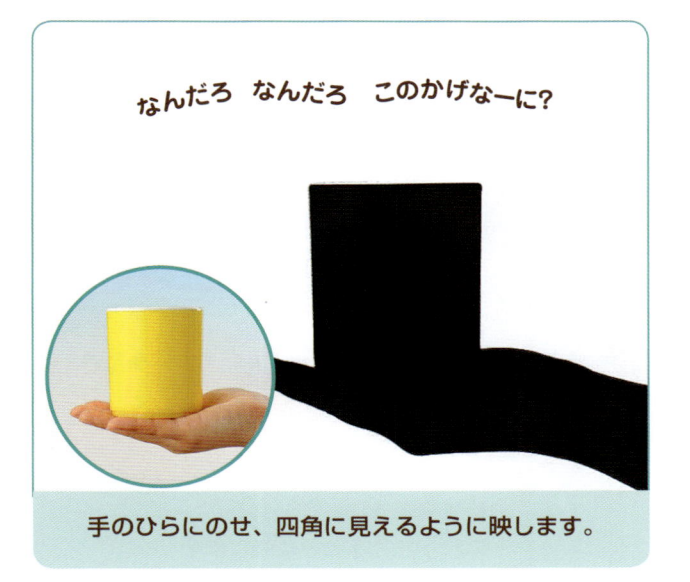

なんだろ なんだろ このかげなーに？

手の上でカップを回し、カップの形を見せます。

2月 影絵シアター

5

次は何でしょう？
また丸いものですねえ。
耳が付いているから、お猿さんかな？

なんだろ なんだろ このかげなーに？

バケツを大きな円になるように映します。

6

あれ？
丸の上に何か出てきましたねー。
かばんかな？

なんだろ なんだろ このかげなーに？

取っ手を上のほうに少しだけあげます。

7

ここを持ってぶら下げると…
はーい！　これはバケツでしたー。

なんだろ　なんだろ
このかげなーに？

取っ手を持って、バケツの形を見せます。

8

今度は何でしょう。
四角いものが出てきましたよ。
中に穴が開いているみたいですね。
何だろう？

なんだろ　なんだろ
このかげなーに？

木琴を横向きにして、
下の穴が見えるように映します。

9

今度は細長くなりました。
みんなわかる？

なんだろ　なんだろ　このかげなーに？

木琴の長いほうの側面を映します。

10

こういうものでたたくと、
音が出まーす。
木琴でしたー！

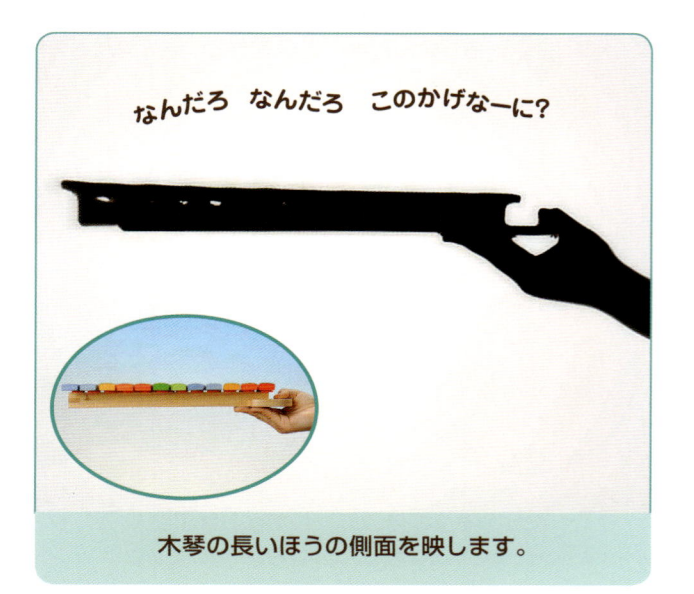

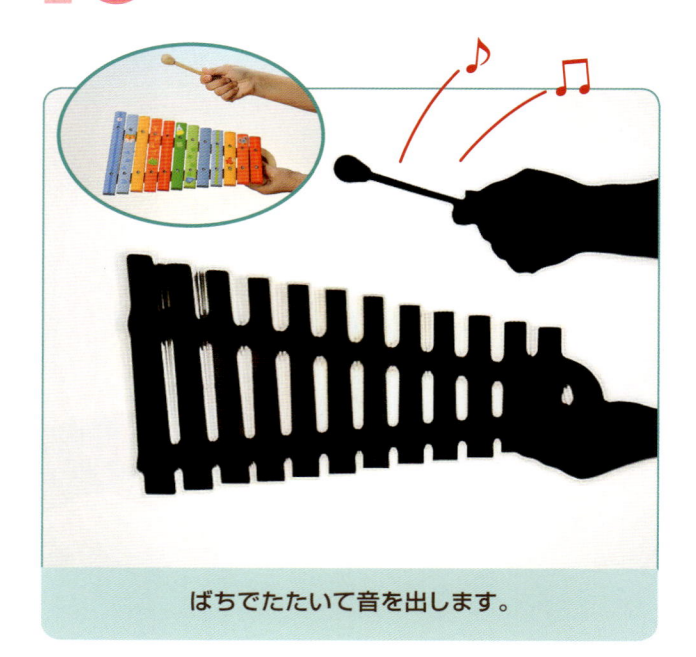

ばちでたたいて音を出します。

11

さあ、最後に出てくるのは
どんなものかな？
これは細い棒みたいですねえ。
何に使うのかな？

鬼のお面を線になるように出します。

12

わあっ！
鬼です、鬼が出てきました！

鬼のお面とわかるように見せます。

2月 影絵シアター

13

鬼　うお〜〜〜！

ほかの先生　さあ、みんなで鬼を追い出しましょう！
「鬼はーそと　福はーうち
　鬼はーそと　福はーうち」

鬼のお面を頭の上にのせ、手を振り上げて鬼役になります。シーツの影から追い出されて、部屋から逃げていってもいいでしょう。

アレンジ　先生当てクイズ

いろいろな先生が影になって登場します。普通にシルエットを映す、髪形を変える、横向きになる、先生が重なって登場し何人の先生がいるか当てるなど、工夫しましょう。お誕生会のときには、最後の鬼のお面をケーキに変えてもいいですね。

保育への展開

太陽の光でも、影絵ができることに気付くよう、声をかけましょう。影ふみ遊びや、太陽の光で手影絵（41ページ参照）をやってみましょう。

かんたんマジック

消える金棒

お菓子の空き箱を利用した、季節にちなんだマジックです。
箱や金棒の見せ方を何度か練習しておいたほうがいいでしょう。

用意するもの 引き出し式のお菓子の空き箱、色画用紙

基本のやり方

1 節分の鬼さんがやってきました

引き出し式のお菓子の箱の表面に鬼の絵を貼ったものを子どもたちに見せます。

2 なんとこの鬼さんの金棒、鬼さんのかけ声で消えてしまうのです

え〜？

色画用紙等で作った、箱のたての長さより少し短い金棒を見せます。

3 では、鬼さんのおうちに金棒を入れま〜す

たねあかし1
中箱をあらかじめ横にふたつに切っておきます。
金棒を入れるときは下から中箱を押し出します。

4 では鬼さんどうぞ！
鬼は〜外！
福は〜内！

鬼が言っているように「鬼は外〜」とかけ声をかけます。
子どもといっしょに言ってもいいですね。

5 なんと！ 鬼さんのおうちから金棒が消えました!!

たねあかし2
金棒を消すときは上の箱を引き上げましょう。
引き出しすぎるとたねがばれてしまうので要注意。

6 金棒さん、おかえりなさい！ほら、金棒が戻ってきましたよ

おかえりなさ〜い

もう1度声をかけ、中箱を下から押し上げると金棒があらわれます。

リズム遊び
とんだとんだ

保育者の言ったものが「とぶかとばないか」を素早く判断してこたえます。リズミカルなやりとりが楽しいですね。

導入 とぶものを子どもたちと確認しましょう。とぶものの範囲が広すぎる場合は（飛ぶのか跳ぶのかの違い）、空を飛ぶものなど限定した指示を出してもいいでしょう。

遊び方

1
「と～んだ とんだ」
「な～にが とんだ？」

保育者の問いかけに子どもたちが答えます。

2
「カラスが とんだ」
パン パン パン

保育者の答えがとぶものなら手拍子を3回打ちます。

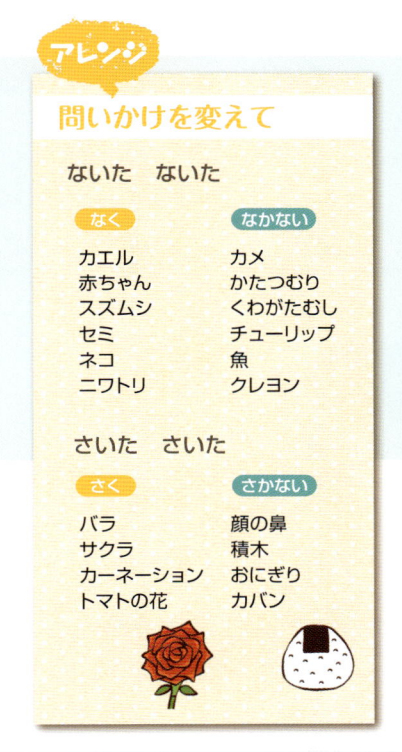

3
「いすが とんだ」
「とぶわけないよ」

※とぶ（右）わけ（左）ない（右）よ（左）と左右に手を振るよう伝えましょう。

保育者の答えがとばないものなら、手を胸の前で左右に振ります。

アレンジ
問いかけを変えて

ないた　ないた

なく	なかない
カエル	カメ
赤ちゃん	かたつむり
スズムシ	くわがたむし
セミ	チューリップ
ネコ	魚
ニワトリ	クレヨン

さいた　さいた

さく	さかない
バラ	顔の鼻
サクラ	積木
カーネーション	おにぎり
トマトの花	カバン

ポイント
判断が分かれた場合は理由や考えを十分に聞き、「そういう考え方もあるね」と話しましょう。そして、自分の考えをみんなに伝えられたことをほめるといいですね。

2月 いつでもどこでもあそび

3月 なかよしだあれ？

GIMMICK しかけボード BOARD

10分 / 1〜3人 / 5歳〜

卒園や進級の時期を迎える3月。
同じ組のお友だちのことも、よくわかってきています。
ヒントから、どのお友だちのことかわかるでしょうか？

作るもの

バス
人数に応じて台数を増やしましょう。
子どもの似顔絵を描いたり、写真を貼ったりしましょう。

ヒントのカード
バスの窓に差し込んで使います。

型紙 140ページ

遊び方

1
先生: 今日は当てっこをしますよ。
さて、これは何でしょう？（●）
子ども: バス！
先生: そう、バスですね。
だれが乗っているのかな？

●バスの形のしかけボードを出します。

2
先生: あら？
窓が閉まっていてわかりませんね。
ヒントがかいてあります。（●）
何かな？
子ども: うさぎさん！

●ヒントのカードを指さします。

3

🧑‍🦰 はい、うさぎさんですね。
このクラスで、
うさぎさんが大好きなのは
だれかな？（●）

🧒 ○○ちゃん！

●ヒントに合った手ぶりなどをして、答えを促します。

3月 しかけボード

4

🧑‍🦰 さあ、合っているかな？
窓を開けてみましょう。（●）
だあれかな？
うさぎが大好き
だあれかな？

🧒 当たった〜！

🧑‍🦰 やっぱり○○ちゃんだったね。

●ヒントのカードを抜いて、子どもの顔を見せます。

5

🧑‍🦰 じゃあ、
こっちにはだれが乗っているのかな？
窓に何がかいてある？（●）

🧒 電車！

●次のヒントのカードを指さします。

6

電車が好きなのはだれかな？

○○くん！

大当たり〜！（●）
みんなお友だちのこと
よくわかっているね！

●2枚目のカードを抜き、子どもの顔を見せます。

7

さあ、次はだれかな？
ヒントはカブトムシ。
カブトムシのお世話が
上手だったのはだ〜れ？

3枚目まで、カードを抜きます。

8

おや？　もう1台きましたよ。
今度はだれが乗っているのかな？

次のバスを出します。

9 このバスも、窓が閉まっていますよ。
この窓のところに乗っているのは
だ〜れだ？

同じように、ひとりひとりの好きなものや得意なことがかいてあるヒントのカードを抜き、子どもの顔を見せます。

3月 しかけボード

10 ○○組のみんなが乗ったバスができました！
みんなすごいね、お友だちのこと、よ〜くわかってるんだね。
さあ、みんなを乗せたバスが、未来に向かって出発進行！（●）

● 並べたバスを見せ、出発させます。

保育への展開

室内遊びの際に、お互いの紹介ごっこをしてみましょう。友だちを紹介するときには、その子の良いところを探して話すよう声をかけましょう。

アレンジ

文字やマークにしても

みんなの好きなもの、得意なこと、行事の思い出などからヒントを考えましょう。園で使っていた、その子のマークでもいいでしょう。

例

| かけっこがはやい | いぬのやくをやった | 3がつうまれ |

得意なことを書く。 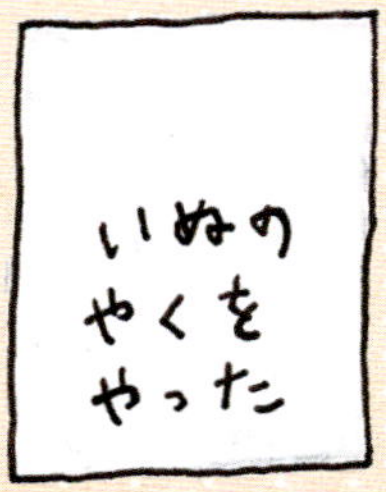　園の行事であったことを書く。 　誕生日を書く。

3月 春の小川

5分 / 1人 / 3歳〜

童謡のメロディーにのせて、楽しく人形を動かしましょう。
春のやさしい雰囲気が出るといいですね。

童謡シアター NURSERY RHYME

作るもの

型紙142ページ

- すみれ
- れんげ（ワイヤーを付けてひっかけられるようにします。）
- えび
- こぶな
- めだか
- 桜の木
- 舞台

※舞台図は143ページを参照

遊び方

1　先生：みなさ〜ん、春がやってきましたよ〜。○○園にも、ほら、この小川にも！みんなで「春の小川」を歌いましょう。

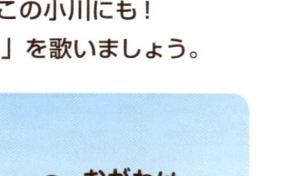

♪はるの おがわは さらさら いくよ きしの すみれや♪

子どもに呼びかけ、歌に合わせてすみれを出します。

2　お花も咲きましたよ！

♪れんげの はなに すがた やさしく いろ うつくしく さけよ さけよと ささやきながら♪

れんげを出し、1番が終わったら粘土にさします。

3

では、2番です。
今度は何が出るのかな？

♪ はるの おがわは
さらさら いくよ
えびや めだかや ♪

えびとめだかを出し、左右に動かしてから舞台にひっかけます。

4

川の中に、
たくさん生き物が出てきました！
みんなうれしそうだね！

♪ こぶなの むれに
きょうも いちにち
ひなたで およぎ
あそべ あそべと
ささやきながら ♪

こぶなを出し、左右に動かしてから舞台にひっかけます。

3月 童謡シアター

5

ほら見て！ 桜の花も咲き出しました。
みんなも4月になったら、
ひとつお兄さんお姉さんになるんですね。
年長さんは、1年生になります。
お花もお魚も、おめでとう！
って言っていますよ。

保育への展開

春を知らせる歌なので入園式・進級式でもできます。「春の小川」は、入園式に参加しているご家族も知っている歌なので、いっしょに歌うことができます。この舞台は、「めだかの学校」「あめふりくまのこ」「かえるのうた」など、いろいろな歌に使えます。

春の小川

作詞／高野辰之
作曲／岡野貞一

さわやかに ♩=104
mf

1.2. はーるの おがわは さらさら いくよ
きーしの すみれや れんげの はなに
えーびや めだかや こぶなの むれに

すーがた やさしく いろ うつくしく
きょーうも いちにち ひなたで およぎ

さーけよ さけよと ささやき ながら
あーそべ あそべと ささやき ながら

かんたんマジック

消えるチョウチョウ

3月 かんたんマジック

春らしく、かわいらしいチョウチョウがモチーフのマジックです。赤シートを利用し、チョウチョウが浮かんだり消えたりする様子がとっても楽しいですね。

用意するもの 赤シート（下敷きなど）、画用紙、水性マーカー

基本のやり方

1 お花のみつを吸いにチョウチョウが集まってきました / かわいい～

画用紙に水性マーカーで描いたお花畑とチョウチョウの絵を見せます。

2 でも魔法をかけると何匹かのチョウチョウは消えてしまいます

3 チョウチョウひらひら おうちへお帰り～

ひらひらと赤シートをチョウチョウのように動かし、画用紙に重ねます。

4 わ～消えた！

5 チョウチョウひらひら 戻っておいで～ / 戻って来たよ！

赤シートをひらひらとチョウチョウのように動かし、画用紙から離します。

アレンジ

消えたチョウチョウは何匹！？

パッ / 3匹

赤シートを素早くスライドさせてチョウチョウが何匹消えたかクイズを出します。集中力と判断力が養えます。

たねあかし

赤シートで消えるように、赤やピンクの水性マーカーでチョウチョウを何匹か描いておきます。

このチョウチョウが消えます！

ジャンケン遊び
ジャンケンおひなさま

いつでもどこでもあそび

2人で対戦する遊びです。ジャンケンだけでは物足りない、すぐに勝ち負けがわかるのではつまらない、という子どもたちのために、「あっちむいてホイ」の要素も入れながら、リズムにのって楽しく勝負しましょう。

導入
「おひな様が勝負をしています。どちらが勝つか、みんなもやってみましょう！」と子どもたちの意欲が高まるような声かけをすると、勝負が楽しくなりますね。

3月

遊び方

1 ジャンケンチッ
右手を出します。

2 チッ
左手を出します。

3 どっちかくす？　う〜ん
相手をよく見て、隠すほうを決めます。

4 こっちかくす
片方の手を隠します。あいこだったら「あいこでチッチ」で **1** からくり返します。

5 （**4**のジャンケンで勝ったほうが）あっちむいて〜
あっちむいてホイをします。

6 ホイ！
指と同じ方向に顔を向けたら負け。違う方向を向いたら、次の勝負 **7** へ進みます。

7 （**6**で勝負がつかなかったら…）おひなさま〜
両手を後ろに隠します。

8 「○○○○！」と、自分が出すものの名前を言います。

- **グー**（ぼんぼり）手をグーにして胸の前でクロス
- **チョキ**（ひしもち）おでこの前でチョキ
- **パー**（びょうぶ）両手をパーにし、広げてYの字にあげる  

ジャンケンと同じ要領で勝負をします。あいこなら「おひなさま〜○○○○！」を勝負がつくまでくり返します。

型紙

本書で紹介した出し物の製作物の型紙です。作品ごとに目安の拡大率を表示していますが、用途に合わせて好きな大きさにコピーをしてご利用になってもかまいません。コピーをとるときは、本書をしっかり開いてコピー機にのせるときれいにコピーできます。

拡大率が大きくて一度にコピーできないときは何回かに分けてコピーしましょう。
〈例〉
400％にしたいとき……200％×2回＝400％
500％にしたいとき……200％×2回×125％＝500％

4月 おへんじはーい！

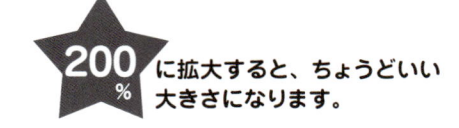

200％に拡大すると、ちょうどいい大きさになります。

■ 花

うさぎ（おもて）

うさぎ（うら）

さる（おもて）

さる（うら）

97

4月 おへんじはーい！

★ 200%に拡大すると、ちょうどいい大きさになります。

いぬ（おもて）

いぬ（うら）

ねこ（おもて）

ねこ（うら）

ちょう（おもて）

ぞう（うら）

ぞう（おもて）

ちょう（うら）

99

4月 あくしゅでなかよし

125% に拡大すると、ちょうどいい大きさになります。

うさぎ

ぶた

おおかみ

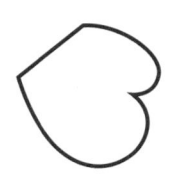

手

※ねずみ用には
原寸大で使います。

ねずみ

4月 あくしゅでなかよし

125% に拡大すると、ちょうどいい大きさになります。

男の子

女の子

5月 くいしんぼうのこいのぼりくん

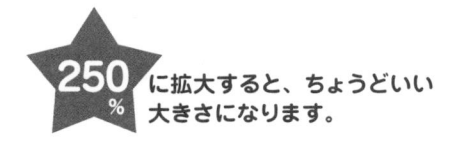

★ **250%** に拡大すると、ちょうどいい大きさになります。

こいのぼり小（おもて）

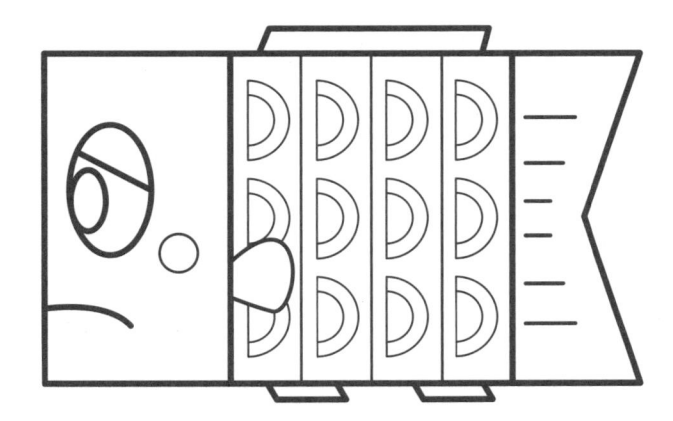

こいのぼり小（うら）

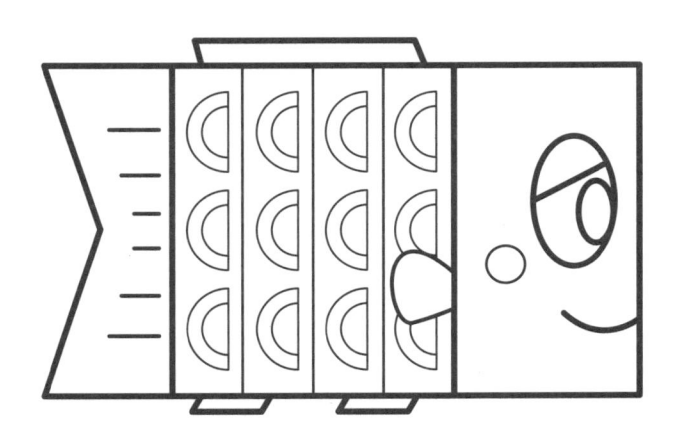

こいのぼり中（おもて）

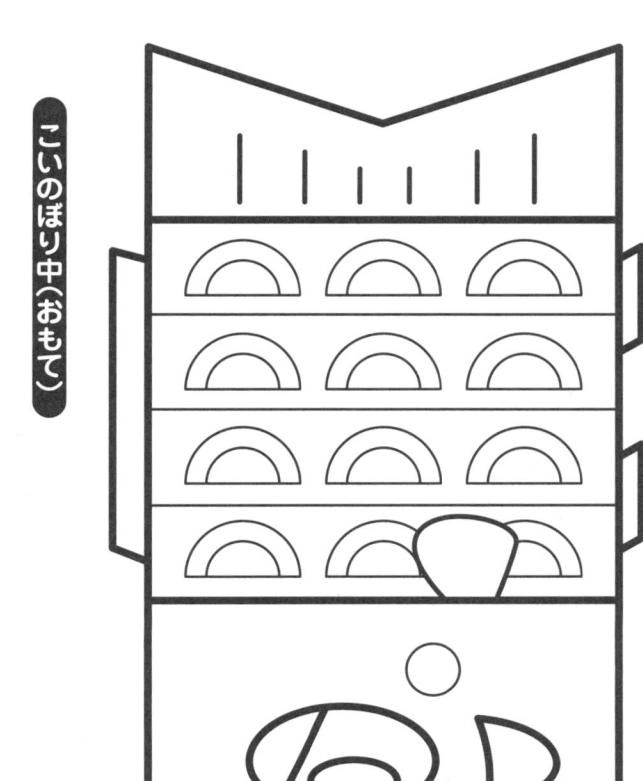

こいのぼり中（うら）

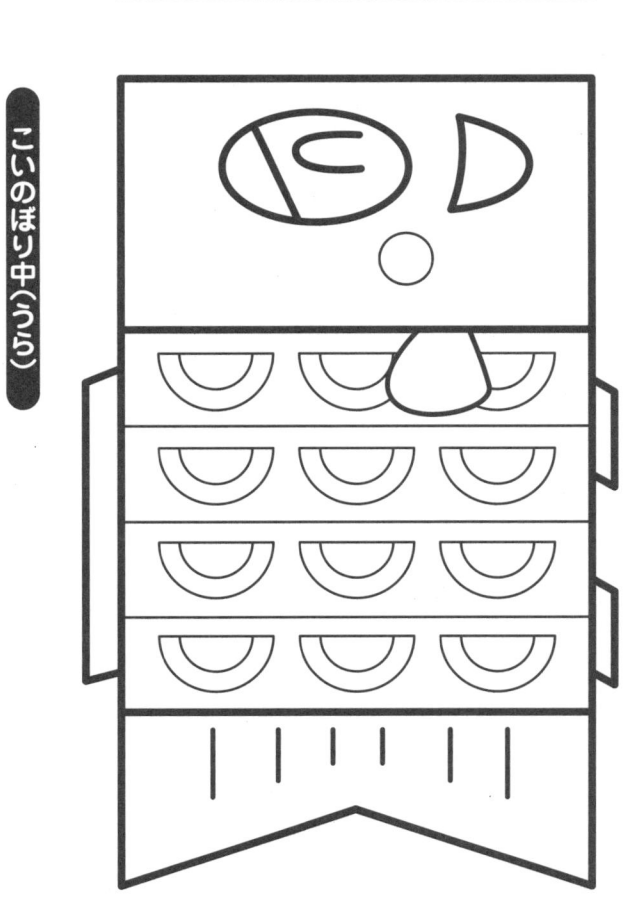

103

5月 くいしんぼうのこいのぼりくん

250%に拡大すると、ちょうどいい大きさになります。

こいのぼりの柱

こいのぼり大（おもて）

こいのぼり大（うら）

お日様

雲

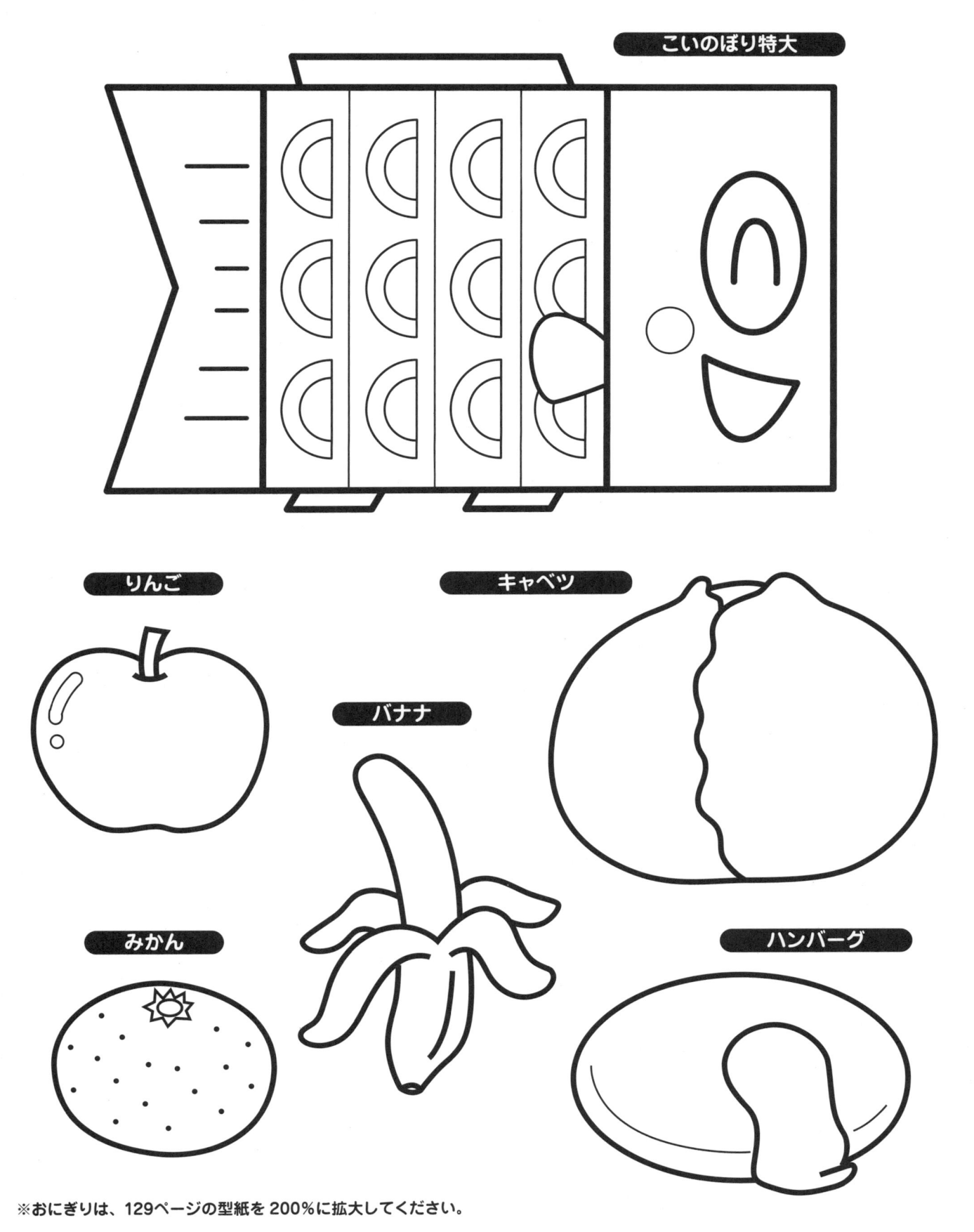

こいのぼり特大

りんご

キャベツ

バナナ

みかん

ハンバーグ

※おにぎりは、129ページの型紙を200％に拡大してください。

6月 くいしんぼゴリラのはみがき

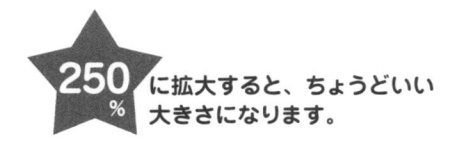

250% に拡大すると、ちょうどいい大きさになります。

ゴリラ①（おもて）

ゴリラ①（うら）

切り抜いて穴を開ける

歯ブラシ

バナナなかみ

バナナ皮

レモン皮

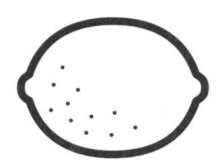

レモンなかみ

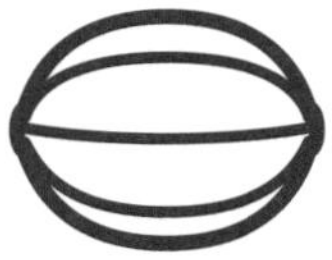

ゴリラ②（おもて）

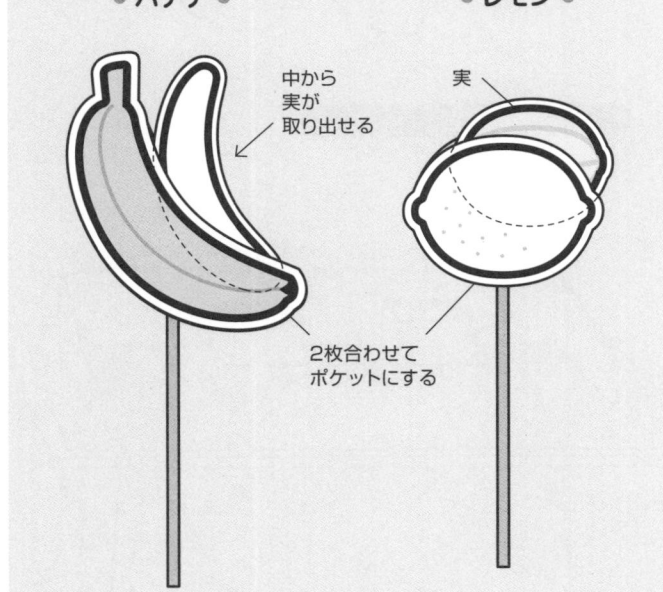

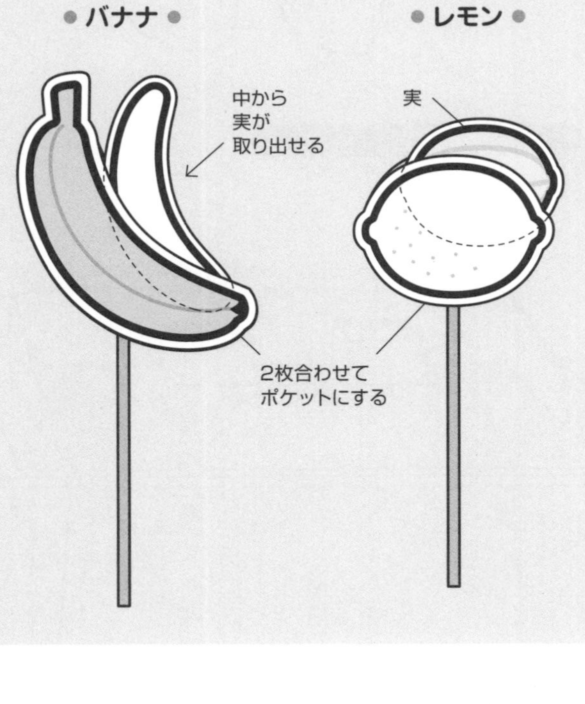

ゴリラ②（うら）

切り抜いて穴を開ける

バナナとレモンの作り方

● バナナ ●

中から実が取り出せる

● レモン ●

実

2枚合わせてポケットにする

107

6月 くいしんぼゴリラのはみがき

★ 250%に拡大すると、ちょうどいい大きさになります。

ゴリラ③（おもて）

ゴリラ③（うら）

玉ねぎの皮（左）

玉ねぎの中心

玉ねぎの皮（右）

玉ねぎの作り方

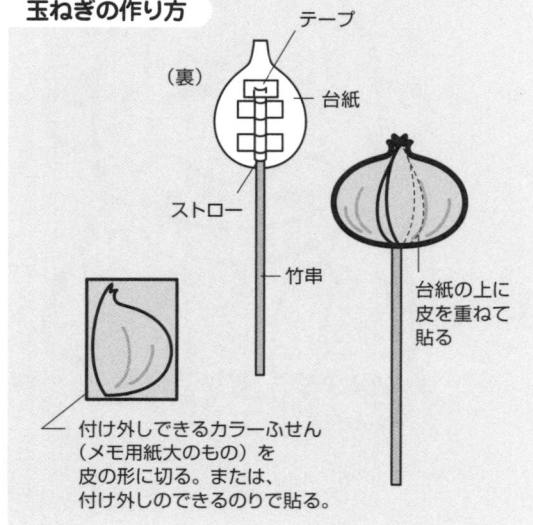

- テープ
- （裏）
- 台紙
- ストロー
- 竹串
- 台紙の上に皮を重ねて貼る
- 付け外しできるカラーふせん（メモ用紙大のもの）を皮の形に切る。または、付け外しのできるのりで貼る。

舞台

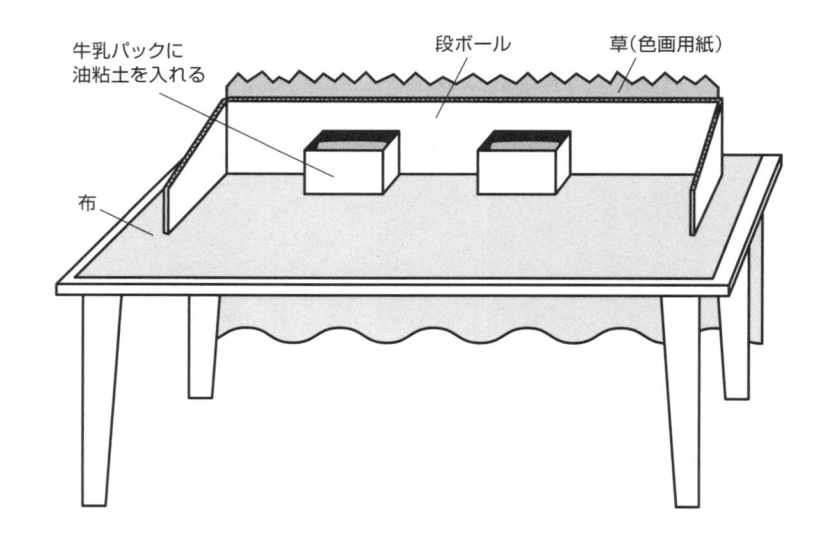

- 牛乳パックに油粘土を入れる
- 段ボール
- 草（色画用紙）
- 布

7月 おりひめ星とひこ星

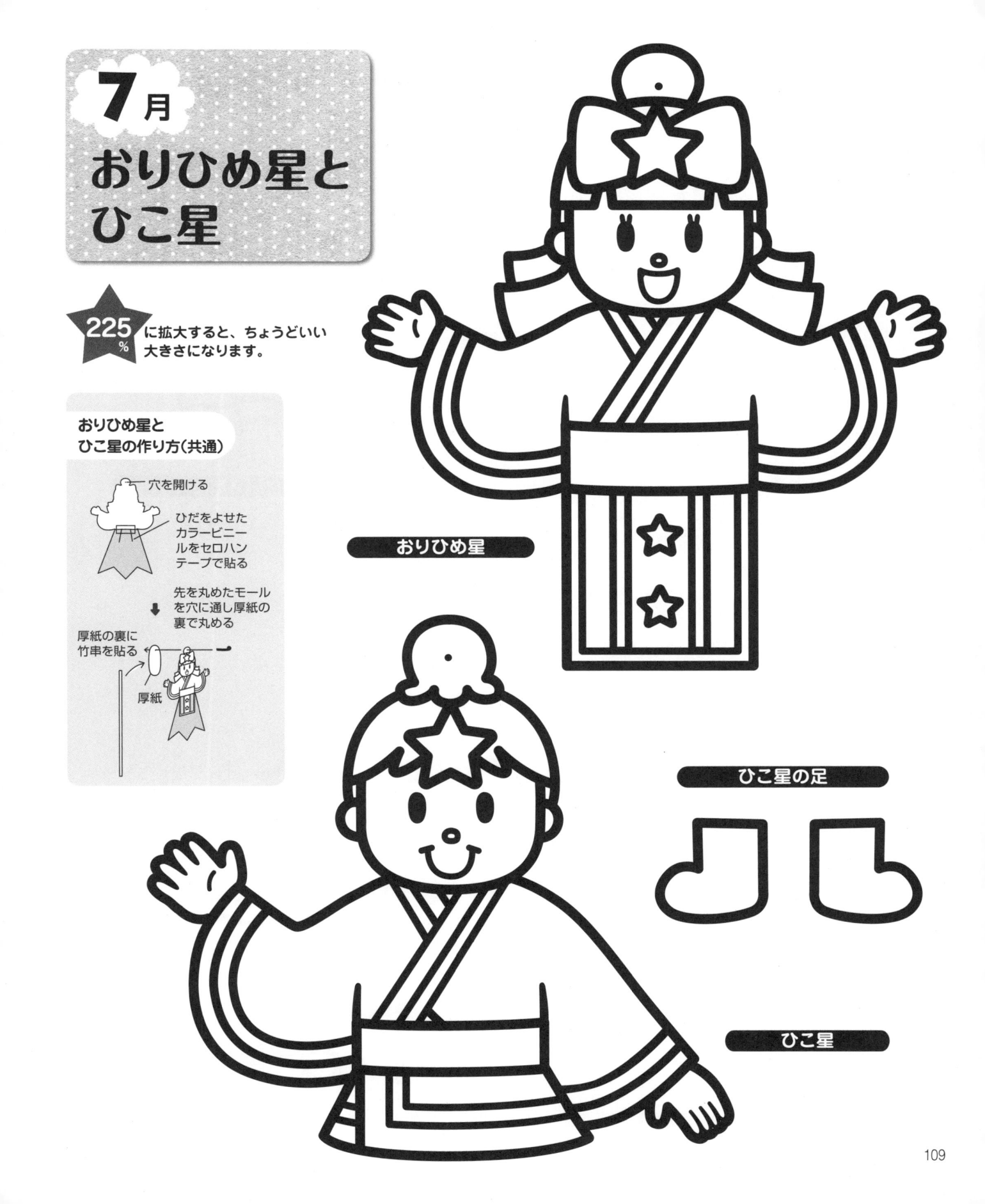

★ 225% に拡大すると、ちょうどいい大きさになります。

おりひめ星とひこ星の作り方（共通）

- 穴を開ける
- ひだをよせたカラービニールをセロハンテープで貼る
- 先を丸めたモールを穴に通し厚紙の裏で丸める
- 厚紙の裏に竹串を貼る
- 厚紙

おりひめ星

ひこ星の足

ひこ星

7月　おりひめ星とひこ星

250% に拡大すると、ちょうどいい大きさになります。

うし（おもて）

うし（うら）

反物

カササギの折り方

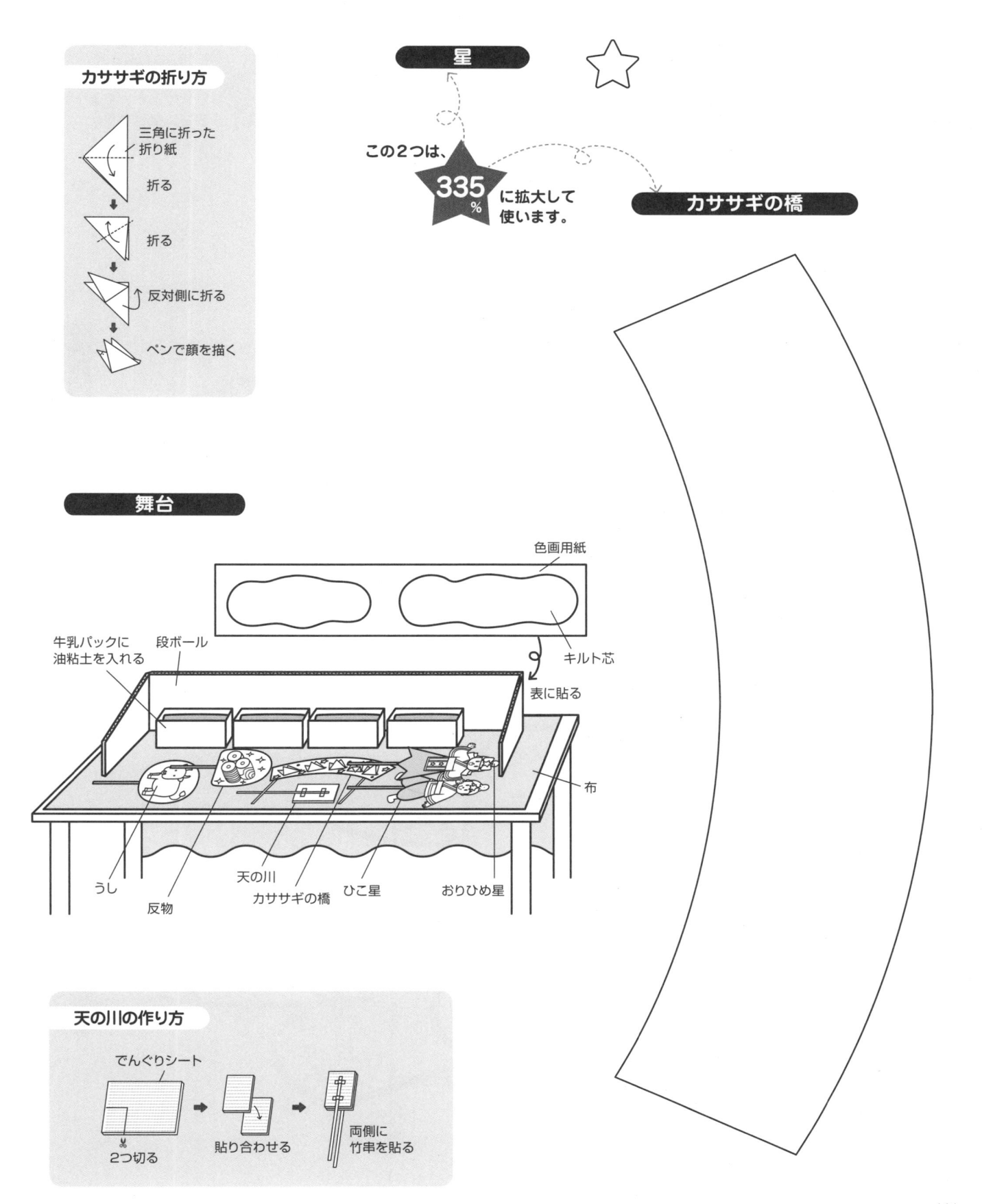

三角に折った折り紙
折る
折る
反対側に折る
ペンで顔を描く

星

この2つは、**335%** に拡大して使います。

カササギの橋

舞台

- 牛乳パックに油粘土を入れる
- 段ボール
- 色画用紙
- キルト芯
- 表に貼る
- 布
- うし
- 反物
- 天の川
- カササギの橋
- ひこ星
- おりひめ星

天の川の作り方

でんぐりシート
2つ切る → 貼り合わせる → 両側に竹串を貼る

7月 おばけだぞ〜

165% に拡大すると、ちょうどいい大きさになります。

女の子

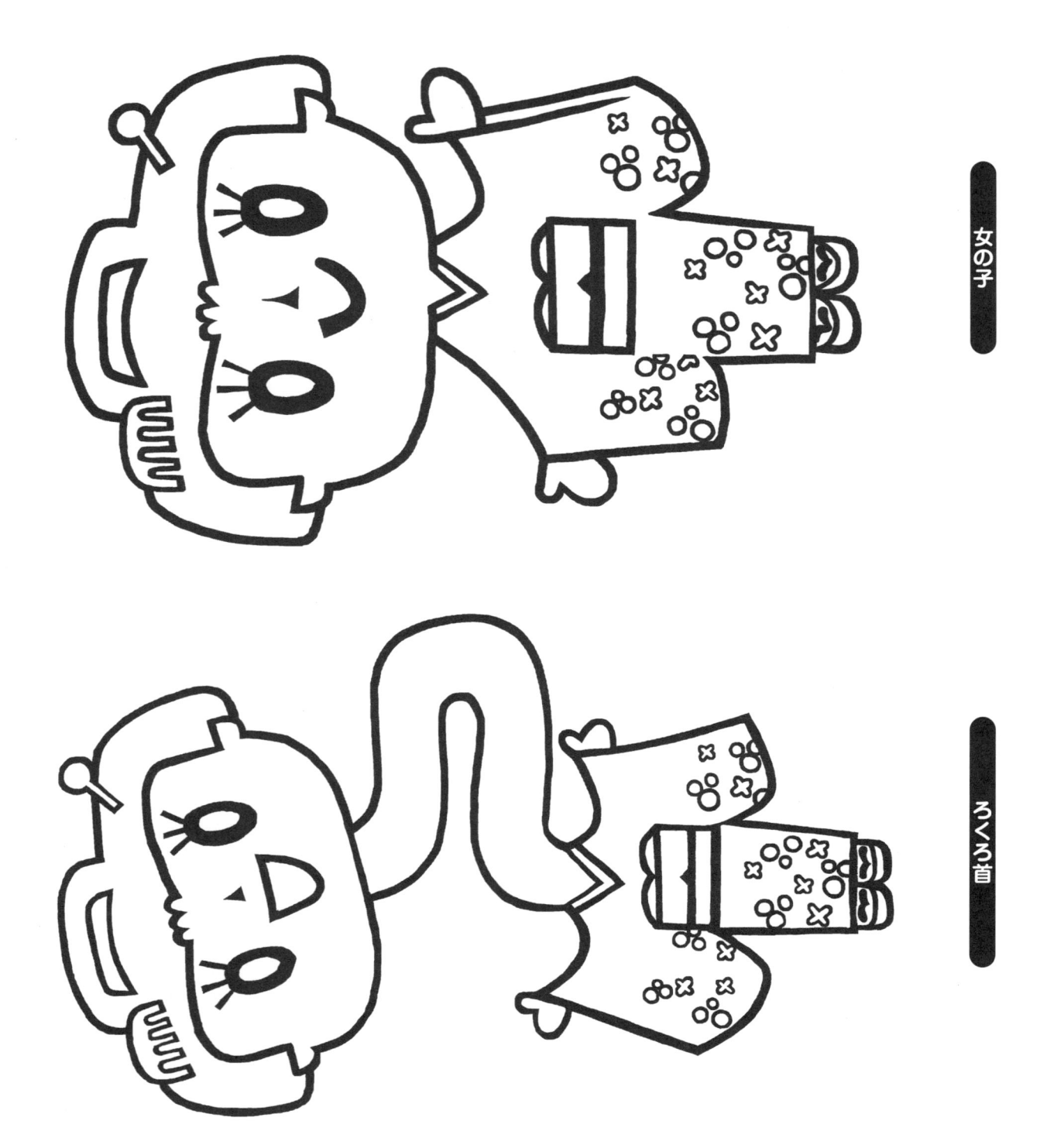

ろくろ首

おじぞうさん

ひとつ目こぞう

7月 おばけだぞ～

165% に拡大すると、ちょうどいい大きさになります。

かさ

からかさおばけ

柳の木

おばけ

115

7月 おばけだぞ〜

★ 165% に拡大すると、ちょうどいい大きさになります。

▎化け猫のお面

8月 海であそぼう！

海の中（背景）は ★ 250% に拡大すると、ちょうどいい大きさになります。

海の中

117

8月 海であそぼう！

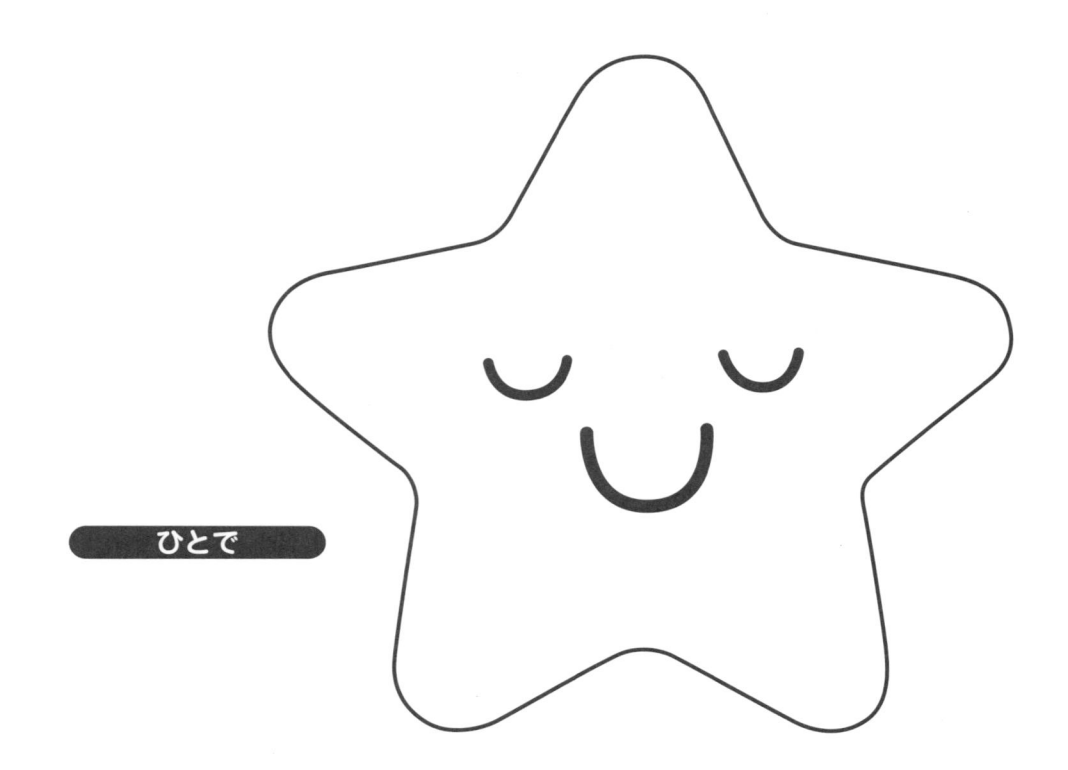

★143% に拡大すると、ちょうどいい大きさになります。

いそぎんちゃくパーツ

魚パーツ

ひとで

しお

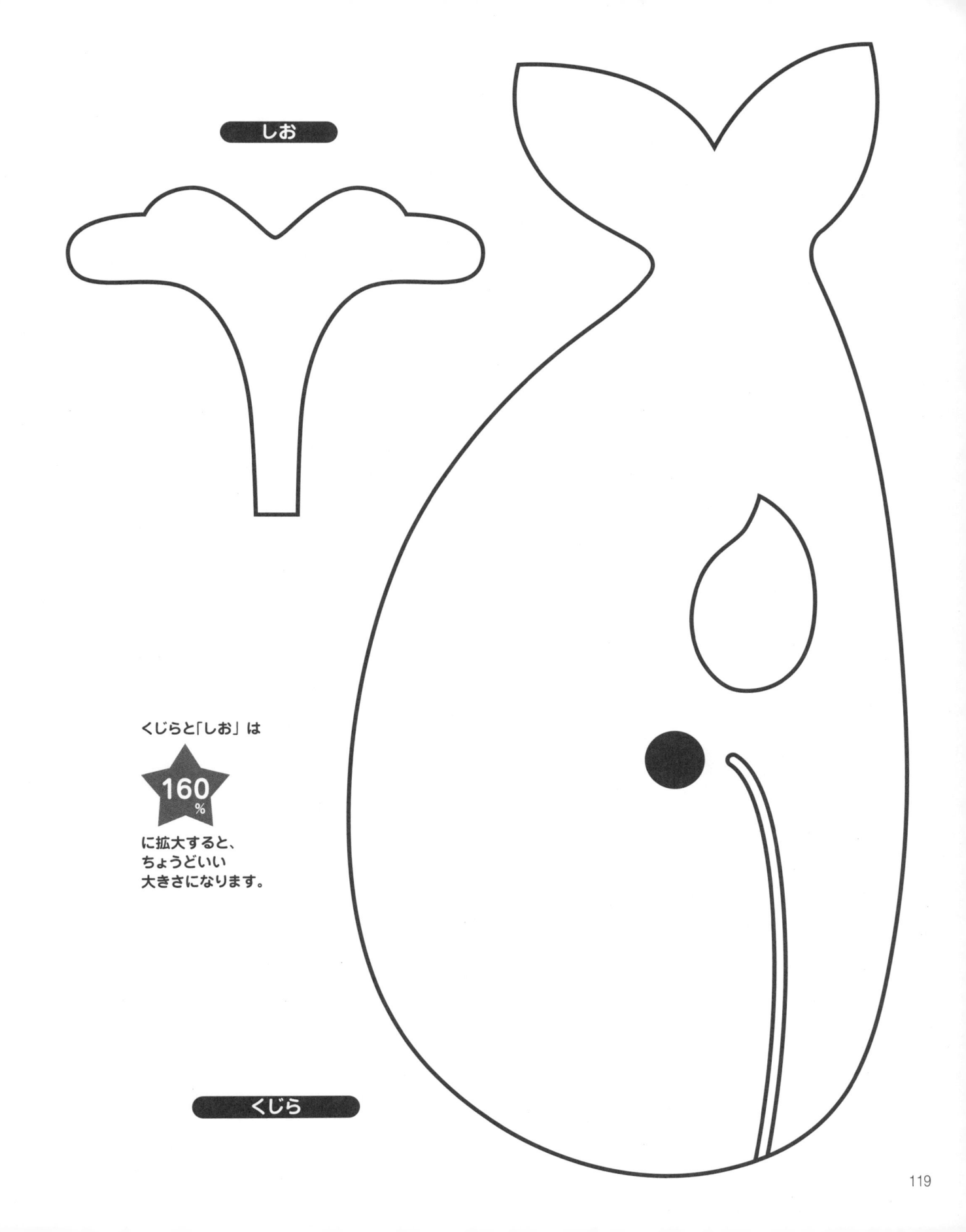

くじらと「しお」は **160%** に拡大すると、ちょうどいい大きさになります。

くじら

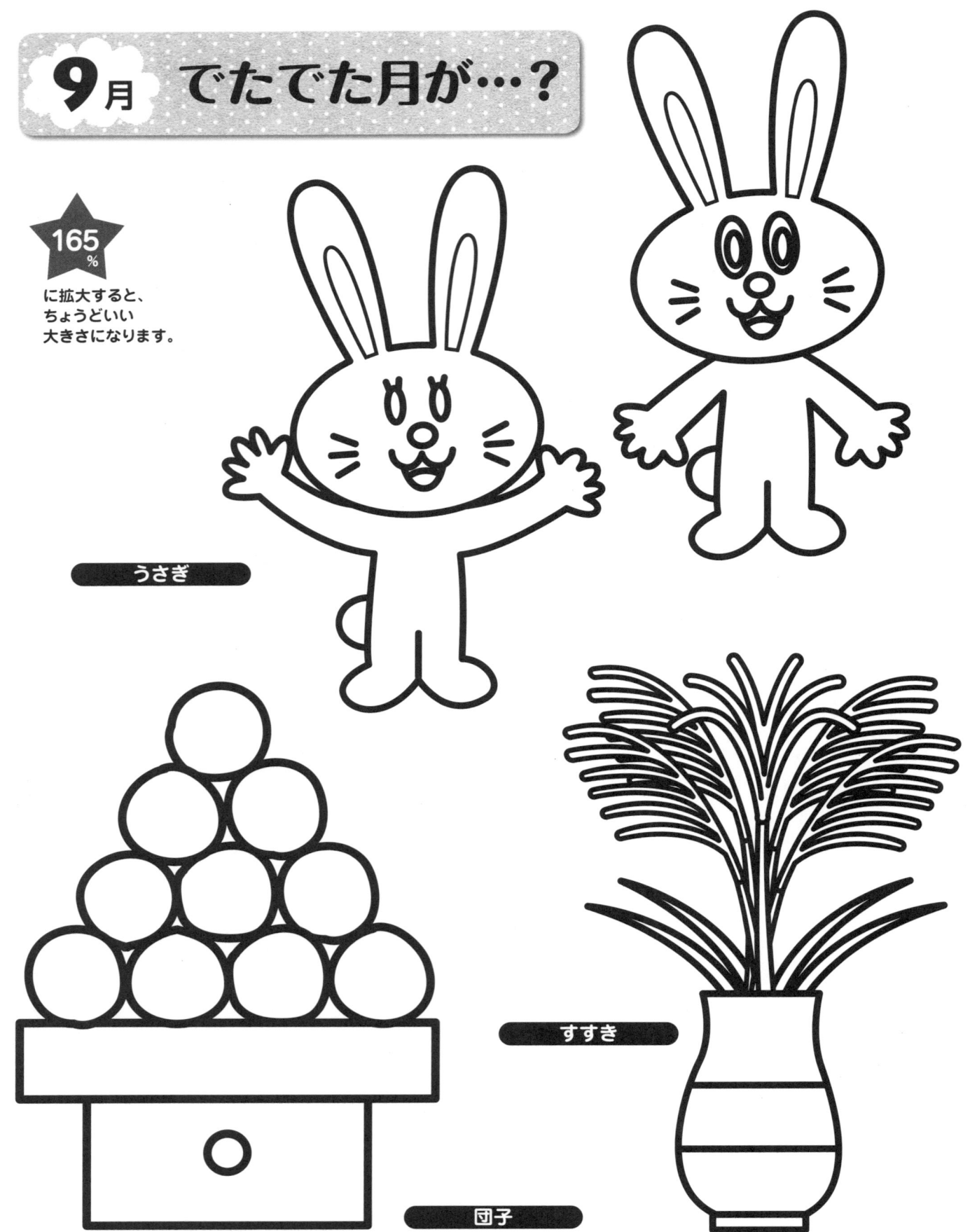

9月 でたでた月が…?

★ 165% に拡大すると、ちょうどいい大きさになります。

うさぎ

団子

すすき

みかん

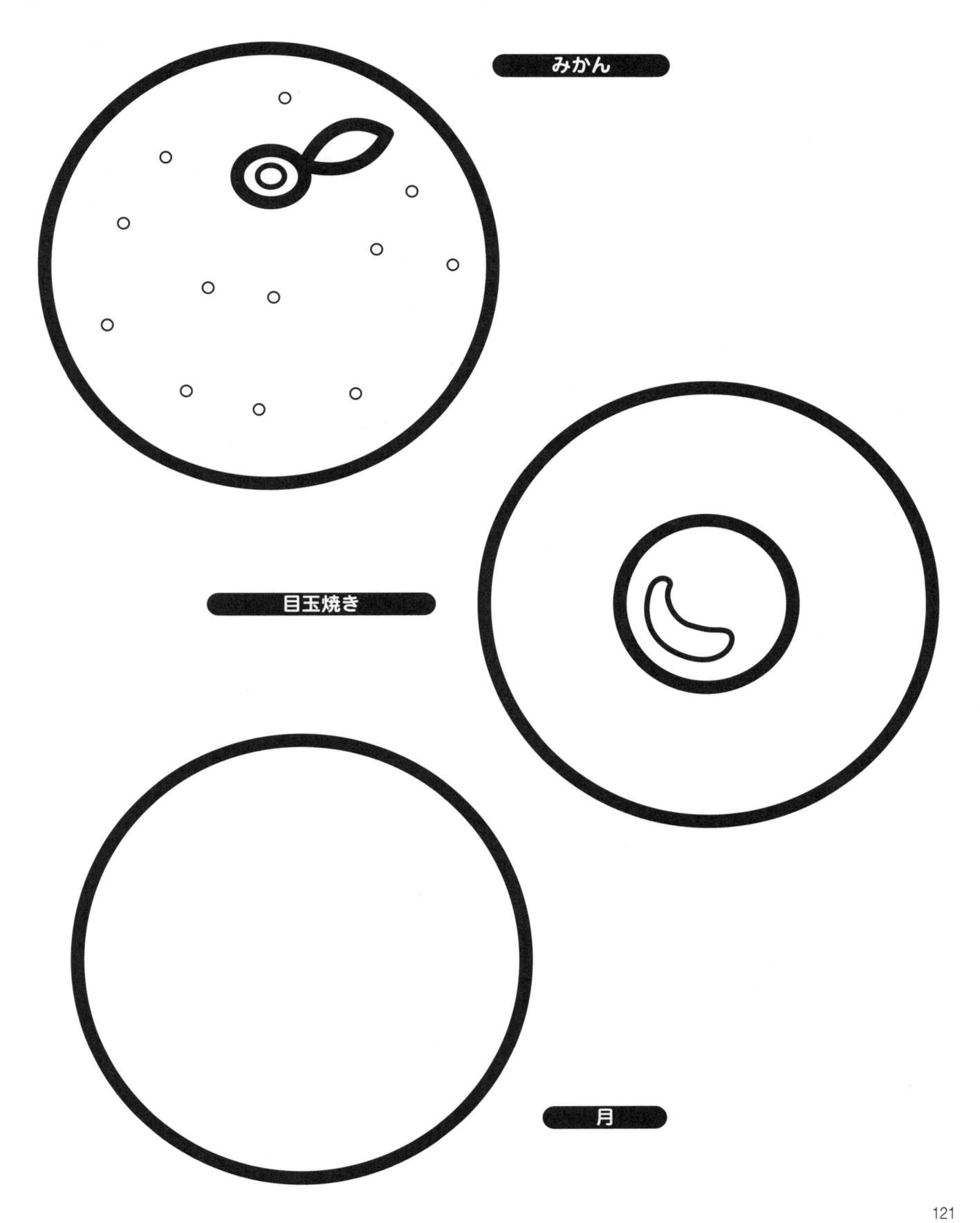

目玉焼き

月

9月 でたでた月が…？

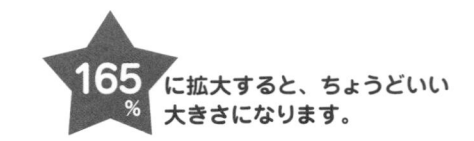

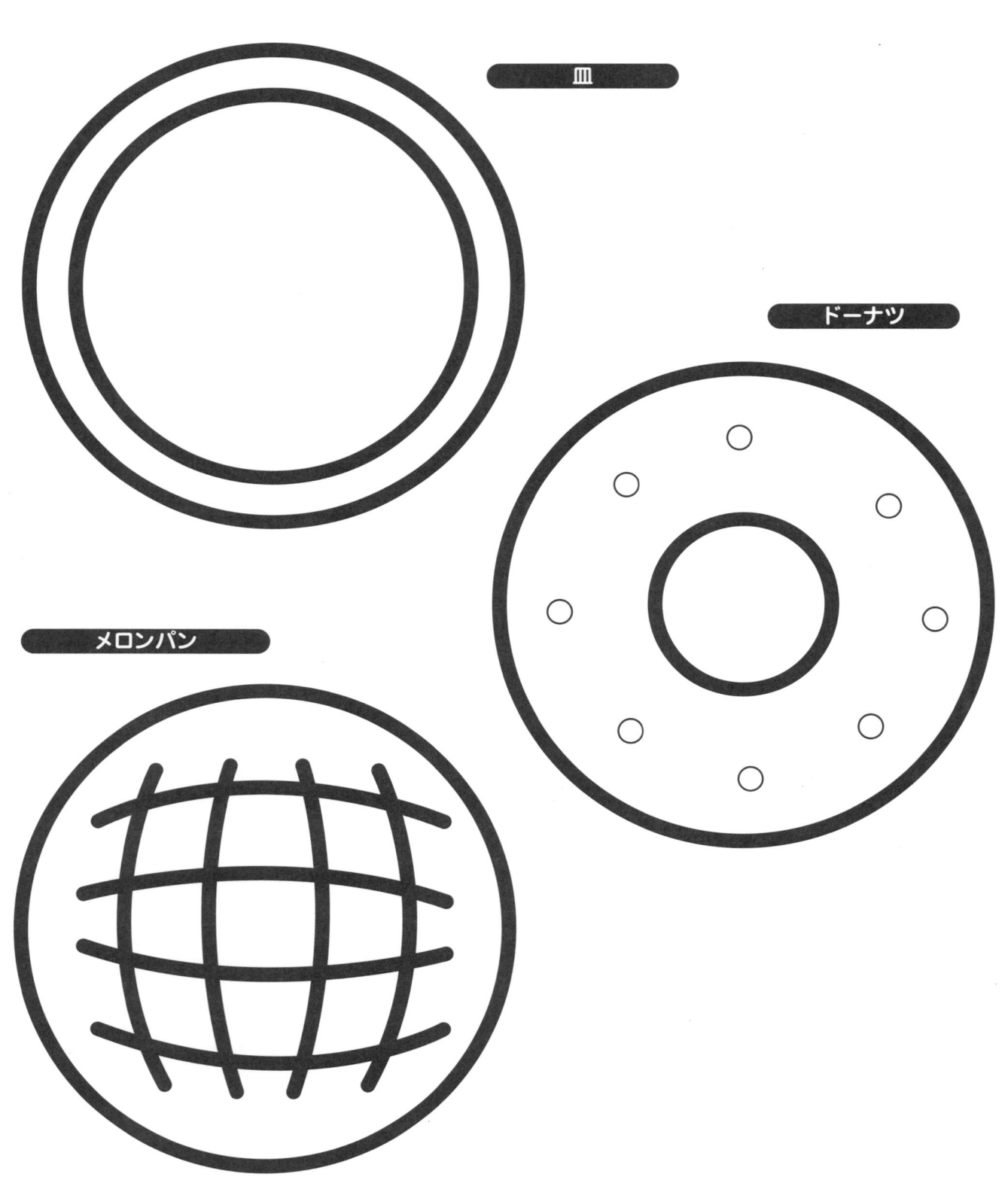

★165%に拡大すると、ちょうどいい大きさになります。

皿

ドーナツ

メロンパン

雲

10月 変身SHOW！ ～だれでしょう？～

340% に拡大すると、ちょうどいい大きさになります。

お姫様

うさぎ

王子様

ぶた

パンダ

魔女

125

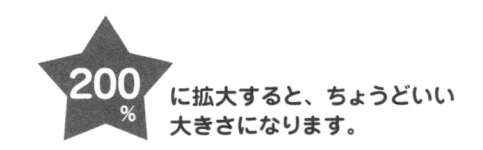

10月 おにぎりの なかみはなあに？

200% に拡大すると、ちょうどいい大きさになります。

山

お日様

雲

男の子①	女の子①
女の子②	男の子②

10月 おにぎりのなかみはなあに?

200% に拡大すると、ちょうどいい大きさになります。

男の子③

うさぎ

にんじん

たらこ

鮭（おもて）

鮭（うら）

うめぼし

おにぎり

10月
おにぎりのなかみはなあに？

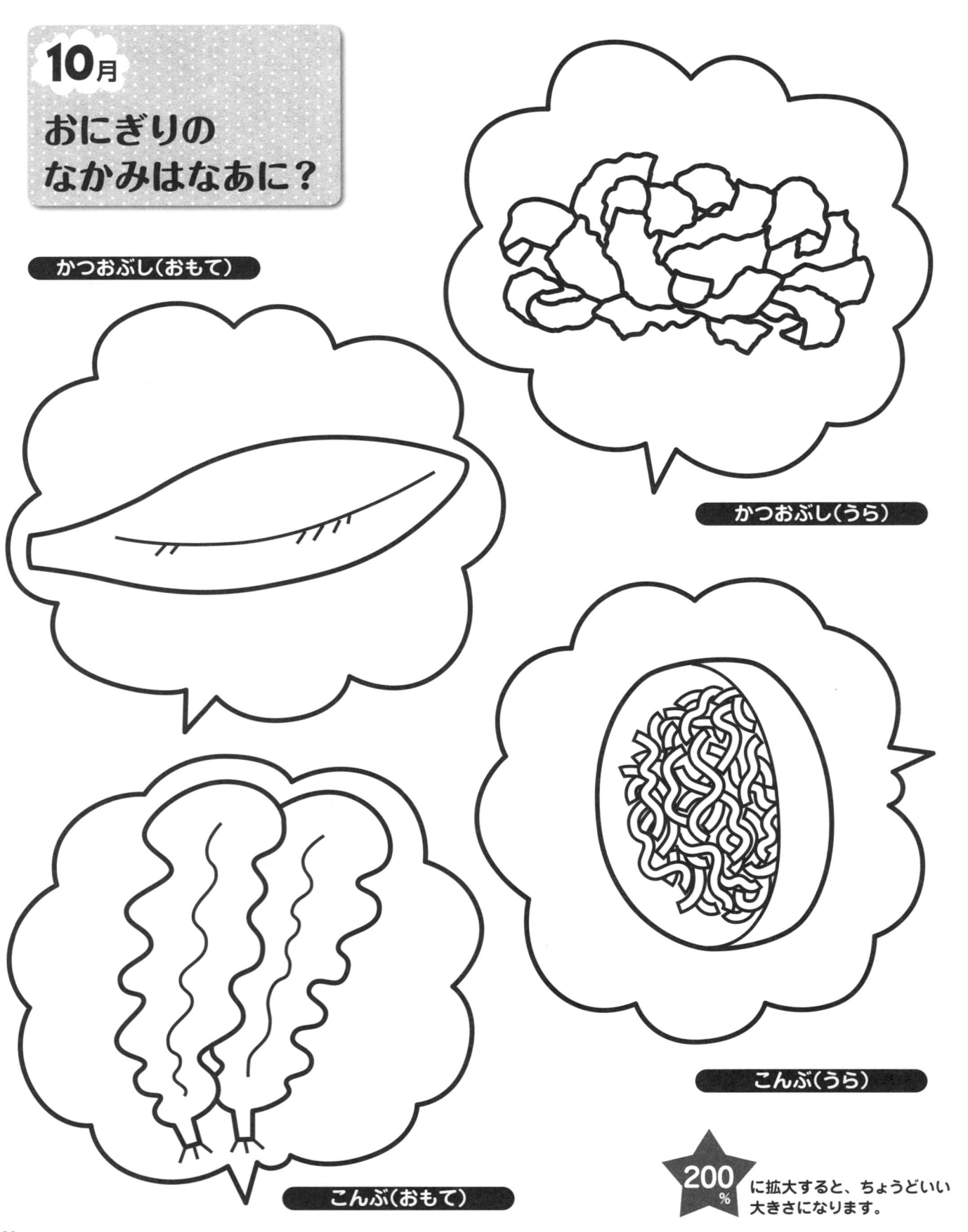

かつおぶし（おもて）

かつおぶし（うら）

こんぶ（おもて）

こんぶ（うら）

200% に拡大すると、ちょうどいい大きさになります。

11月 うさぎとかめ

200%に拡大すると、ちょうどいい大きさになります。

うさぎ（おもて）

うさぎ（うら）

かめの応援団

11月 うさぎとかめ

★ 200% に拡大すると、ちょうどいい大きさになります。

かめ（おもて）

かめ（うら）

草むら

● 山

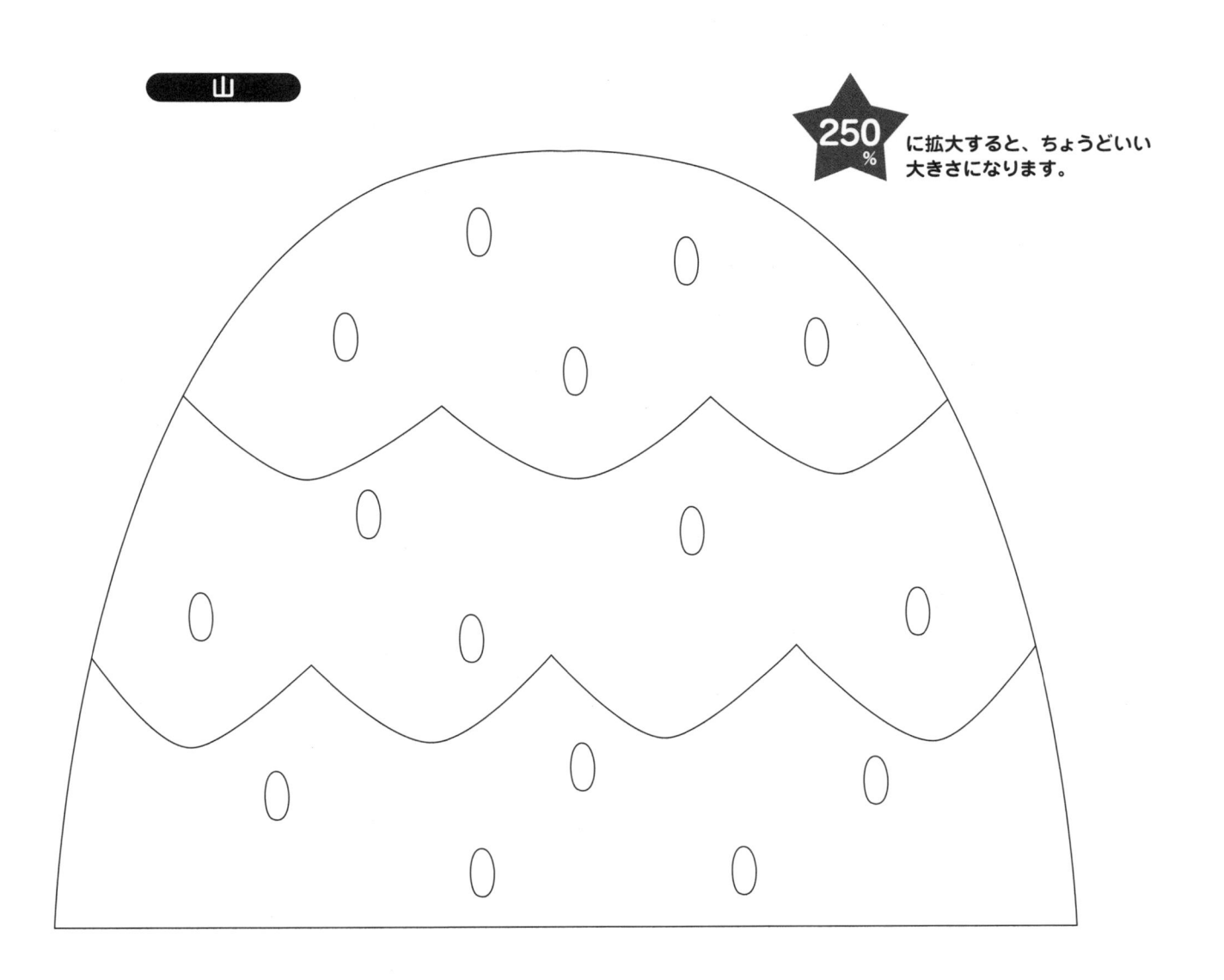

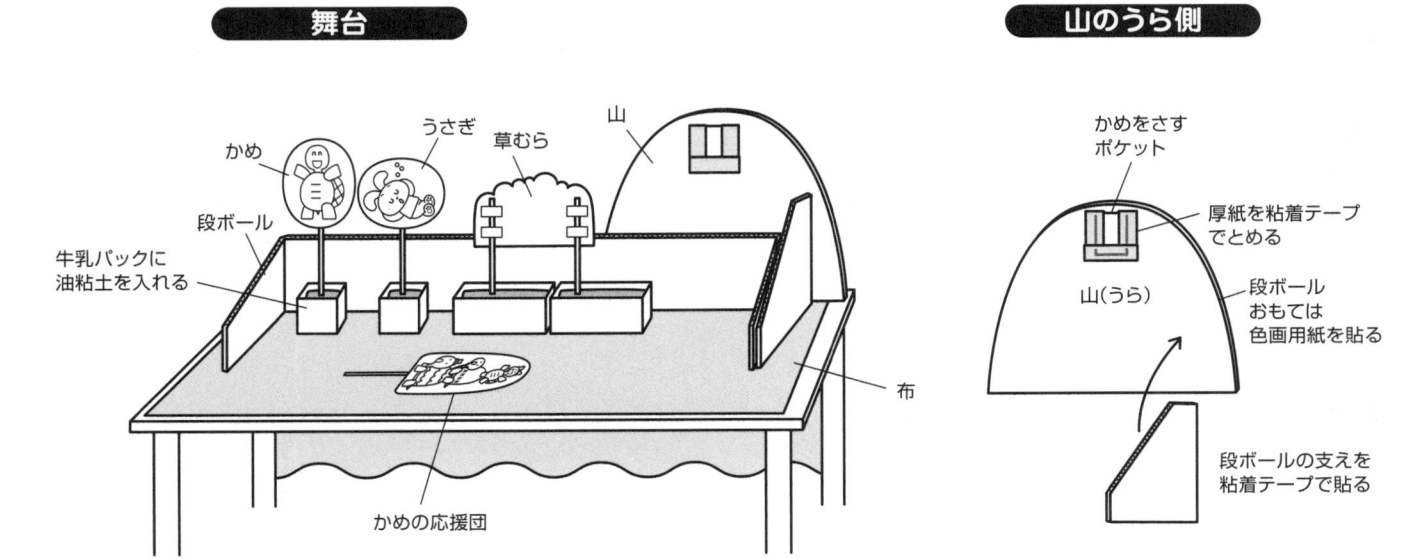

★ 250% に拡大すると、ちょうどいい大きさになります。

● 舞台

かめ
うさぎ
草むら
山
段ボール
牛乳パックに油粘土を入れる
かめの応援団
布

● 山のうら側

かめをさすポケット
厚紙を粘着テープでとめる
山（うら）
段ボールおもては色画用紙を貼る
段ボールの支えを粘着テープで貼る

133

12月
ゆきだるまを つくりましょう

250% に拡大すると、ちょうどいい大きさになります。

ゆきだるま

1月
十二支の おはなし

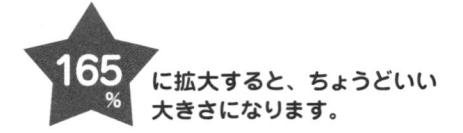

165% に拡大すると、ちょうどいい大きさになります。

神様

ねこ（おもて）

ねこ（うら）

ねずみ（おもて）

ねずみ（うら）

135

1月 十二支のおはなし

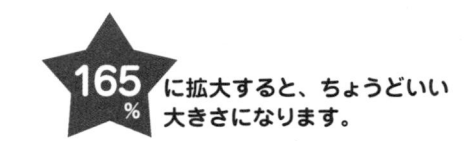

★ 165% に拡大すると、ちょうどいい大きさになります。

うし

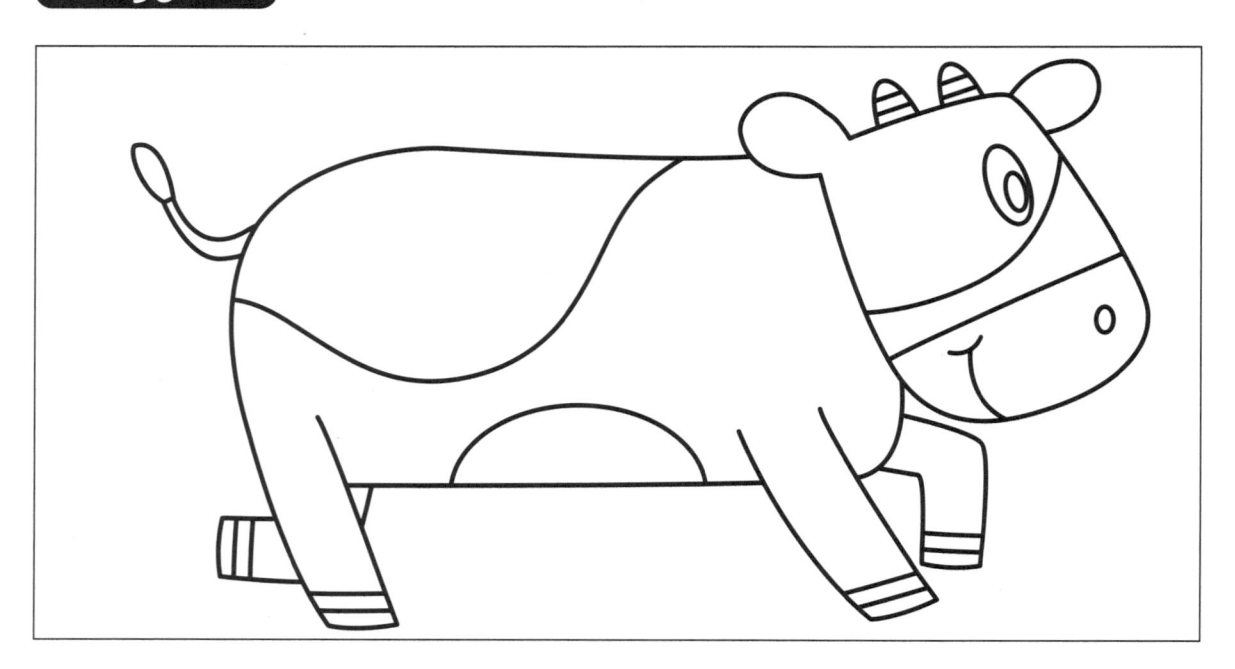

とら

うさぎ

たつ	へび
うま	ひつじ

1月 十二支のおはなし

165% に拡大すると、ちょうどいい大きさになります。

さる

にわとり

いぬ

いのしし

2月 この影な〜んだ？

143% に拡大すると、ちょうどいい大きさになります。

鬼のお面

切り抜く

切り抜いて穴を開ける

3月 なかよしだあれ？

★ 165% に拡大すると、ちょうどいい大きさになります。

ヒントのカード

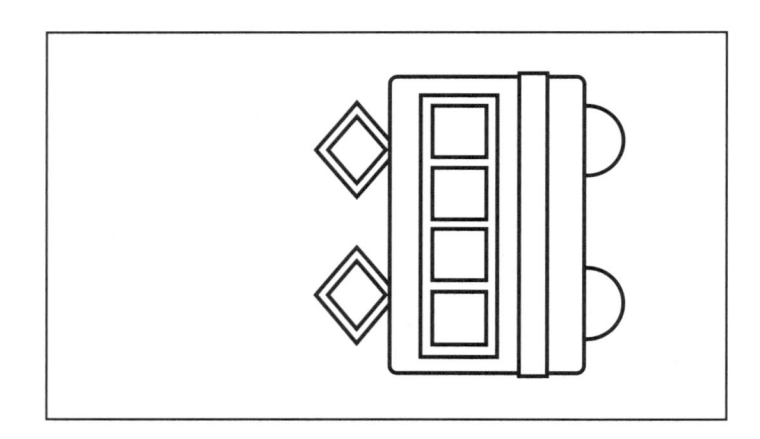

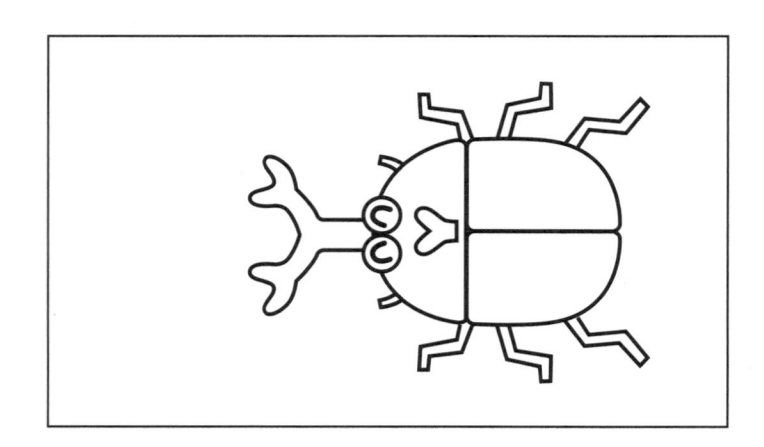

バス

3月 春の小川

★ 200% に拡大すると、ちょうどいい大きさになります。

すみれ

れんげ

えび

こぶな

桜の木

めだか

舞台

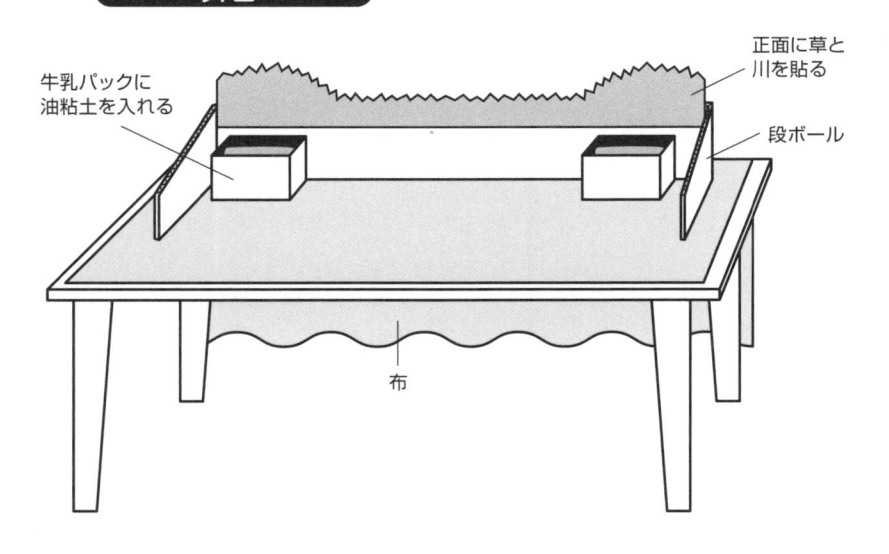

牛乳パックに
油粘土を入れる

正面に草と
川を貼る

段ボール

布

監修　幸田眞希（聖徳大学短期大学部保育科教授）

プラン（50音順）浅野ななみ（乳幼児教育研究所）
　　　　　　　　　P34「おりひめ星とひこ星」

　　　　　　　阿部直美（乳幼児教育研究所・所長）
　　　　　　　　　P28「くいしんぼゴリラのはみがき」　P62「うさぎとかめ」　P92「春の小川」

　　　　　　　荒木文子（洗足こども短期大学幼児教育保育科非常勤講師）
　　　　　　　　　P16「あくしゅでなかよし」　P42「海であそぼう！」　P68「ロープが大変身！」
　　　　　　　　　P72「ゆきだるまをつくりましょう」　P88「なかよしだあれ？」

　　　　　　　石倉卓子（富山国際大学子ども育成学部講師）
　　　　　　　　　「かんたんマジック」4・6・7・11月

　　　　　　　金城久美子（聖徳大学短期大学部保育科兼任講師）
　　　　　　　　　P12「おへんじはーい！」　P54「変身SHOW！～だれでしょう？～」

　　　　　　　幸田眞希（聖徳大学短期大学部保育科教授）
　　　　　　　　　P76「十二支のおはなし」　P82「この影な～んだ？」

　　　　　　　山本省三（日本児童文芸家協会会員）
　　　　　　　　　「かんたんマジック」5・8・9・10・12・1・2・3月

　　　　　　　横山洋子（千葉経済大学短期大学部こども学科教授）
　　　　　　　　　「いつでもどこでもあそび」4～3月

　　　　　　　和気瑞江（洗足こども短期大学幼児教育保育科非常勤講師）
　　　　　　　　　P20「くいしんぼうのこいのぼりくん」　P24「たいそうしましょう」
　　　　　　　　　P38「おばけだぞ～」　P48「でたでた月が…？」
　　　　　　　　　P58「おにぎりのなかみはなあに？」

制作協力　田中なおこ　降矢和子　タカクボジュン
　　　　　　マーブル・プランニング　かいちとおる
　　　　　　すぎやままさこ　たなかあさこ

U-CANの いろいろ出し物12か月

2011年6月10日　初版　第1刷発行
2013年2月20日　初版　第2刷発行
2015年2月6日　初版　第3刷発行
2018年2月28日　初版　第4刷発行

編　者　ユーキャン学び出版 スマイル保育研究会
発行者　品川泰一
発行所　株式会社ユーキャン 学び出版
　　　　〒169-0075
　　　　東京都新宿区高田馬場1-30-4
　　　　Tel 03-3200-0201

発売元　株式会社 自由国民社
　　　　〒171-0033
　　　　東京都豊島区高田3-10-11
　　　　Tel 03-6233-0781（営業部）

印刷・製本　望月印刷株式会社

装丁・本文デザイン●鈴木真弓（株式会社フレーズ）
本文イラスト●後藤朋子　秋野純子　なかさこかずひこ！
　　　　　　　マーブル・プランニング　こしたかのりこ
型紙トレース●アド・チアキ
楽譜浄書●株式会社 クラフトーン
撮影●大畑俊男
撮影協力●佐久間和紀　根本彩夏
編集協力●株式会社 童夢
企画編集●石原さやか（株式会社 ユーキャン）
プロデュース●安達正博（株式会社 ユーキャン）

※落丁・乱丁その他不良の品がありましたらお取り替えいたします。お買い求めの書店か自由国民社営業部（Tel 03-6233-0781）へお申し出ください。

Ⓒ U-CAN,Inc.2011 Printed in Japan

本書の全部または一部を無断で複写複製（コピー）することは、著作権法上の例外を除き、禁じられています。

正誤等の情報につきましては『生涯学習のユーキャン』ホームページ内、「法改正・追録情報」コーナーでご覧いただけます。
http://www.u-can.co.jp/book

JASRAC 出1104270-804